爸爸送给青春期儿子的私房书

全新升级版

晓丹 著

中国妇女出版社

图书在版编目（CIP）数据

爸爸送给青春期儿子的私房书：全新升级插图版 / 晓丹著. -- 北京：中国妇女出版社, 2017.1
ISBN 978-7-5127-1355-0

Ⅰ. ①爸… Ⅱ. ①晓… Ⅲ. ①男性—青春期—健康教育—家庭教育 Ⅳ. ①G479 ②G78

中国版本图书馆CIP数据核字(2016)第244828号

爸爸送给青春期儿子的私房书（全新升级插图版）

作　　者：晓　丹 著
责任编辑：陈　元
封面设计：蒋宏工作室
责任印制：王卫东
出版发行：中国妇女出版社
地　　址：北京市东城区史家胡同甲 24 号　邮政编码：100010
电　　话：（010）65133160（发行部）　65133161（邮购）
网　　址：www.womenbooks.com.cn
经　　销：各地新华书店
印　　刷：北京楠萍印刷有限公司
开　　本：170×240　1/16
印　　张：15.75
字　　数：207 千字
版　　次：2017 年 1 月第 1 版
印　　次：2019 年 6 月第 7 次
书　　号：ISBN 978-7-5127-1355-0
定　　价：35.00 元

前言

爸爸是儿子生命中的起步机

儿子，今天看到你拿着镜子和梳子整理自己的发型时，爸爸偷偷地笑了。从呱呱坠地到咿呀学语，再到上小学、初中……你终于长大了。

还记得以前，你是一个不修边幅的男孩，现在，却开始每天关注自己的外表；以前，你洗澡的时候总是喜欢让爸爸给你拿衣服，现在，你开始害怕我注意到你的变化；以前，你总喜欢依赖我，让我给你想办法解决问题，现在，你开始有了自己的观点和看法，讨厌我对你指手画脚。

没错，儿子，你真的已经长大了！你个子长高了、喉结凸出了、声音沙哑了、胡子长出来了、身材魁梧了、手腕更有力了……看到你的变化，我由衷地产生了一种幸福感。这种难以言喻的喜悦，只有当你有了自己的孩子时，才能真正地体会到。

当然，在高兴的同时，爸爸也在担心你，因为你进入了青春期，接下来，你可能会遇到各种烦恼，如身体的发育、感情的变化、学习的压力以及如何与同学、老师相处等，这些都可能会令你不知所措。相信细心的你早已察觉到了这些变化。你是不是在为自己的变化感到不安？你是不是为自己突然冒出的叛逆念头感到迷惑？你是不是为了避免遭到别人的议论而拒绝与人交往……

儿子，在青春期这个人生阶段，作为爸爸，真的有太多话想对你说。我想把经验慢慢地与你分享。这样，当你有了困难又不愿与人交流时，你不妨回想一下爸爸的话，看看其中有没有你想要的答案。

首先，爸爸想告诉你，要正视自己的变化，了解自己的身体。在成长过程中，你可能会对遇到的问题感到不安，其实大可不必。每个男孩在青春期都会经历这些变化，经过这一发育阶段，你就会逐渐成长为真正的男子汉了。你现在需要做的，就是做好青春期保健，呵护自己的健康。

其次，不要早恋。青春期是一个单纯美好的阶段，你还不知道生活的艰辛，很多男孩对爱情的理解大多来自书本、电视、网络等，有时会错把友情当成爱情。对于你来说，学业尚未完成，还不具备成熟的心智和独立生活的能力，最明智的做法是集中精力学习科学文化知识，为今后的美好生活打下基础。

儿子，你已经长大了，你需要规划自己的人生，并提高自己的生存能力。你不仅要有健康的体魄、正确的人生目标、良好的学习成绩，也要有较高的情商以及各种能力。因为未来的就业压力会越来越大，要想出类拔萃，成为一个有出息的人，就不能虚度光阴，放任自己。如何规划人生蓝图，如何提高自己的学习成绩，如何培养自己各方面的能力，如何让自己更有人缘……这些你都要做到心里有数。可能你不知道具体该如何做，别急，在本书里，爸爸会讲给你听。

在这个纷繁的世界中，到处都充满着诱惑，尤其是你正处于向成人过渡的时期，虽说身体越来越健壮，但心智上还是一个孩子，稍不留意，就有可能交到不良朋友，做出让自己后悔的事来。因此，你一定要学会保护自己的方法，抵制危险和诱惑。比如烟和酒，就是危害健康的东西，最好不要碰。再比如网络，用好了，它是你的朋友；用不好，可能会让你沉溺其中，在虚幻的世界里不能自拔，甚至最终害了你。这些都是你需要特别注意的事情。

最后，爸爸要恭喜你，因为你即将迈入一个真正的成人世界，成为一个有力量、有能力、有生活智慧、朝气蓬勃的年轻人。真心祝愿我的儿子步步为“赢”！

目录

第一章／青春绽放：了解青春期悄悄变化的自己

第二章／身体密码：青春期照顾好你的私密地带

第五章 青春萌动：处理好和女孩的那些事

第六章 快乐青春：告别青春期的心理问题

第七章 感悟亲情：学会珍惜你身边的爱

第八章 立足于世：青春期你要学会的生存能力

第九章 人际合作：学会与人和谐相处的秘诀

第十章 学而有术：让学习成为快乐的事

第一章

青春绽放：了解青春期悄悄变化的自己

男孩在12岁左右进入人生的一个重要阶段——青春期。这是男孩由儿童向成年人过渡的重要时期。在这个时期，男孩的身体会发生明显的变化，除身高、体重增长外，主要是出现第二性征，如喉结凸起，声音变粗，胡须和腋毛开始长出。此外，男孩开始变得成熟、稳重和自信……看着悄悄变化的自己，你要学会欣然地接受这一切，并且让自己健康、快乐地度过这个时期。

为什么痘痘对我们情有独钟

我叫彬彬，13岁，正在读初二。最近真是郁闷极了，我的脸上莫名其妙地长出了很多小痘痘，红红的、痒痒的。特别是天热的时候，脸上就更不舒服了，好像有一层油脂挂在上面。有一次，我实在忍不住了，便用手去挤脸上的痘痘，结果，里面冒出一些白色的东西，很恶心。到了第二天，本以为鼓起的痘痘会消掉，没想到痘痘反而变大了，还化脓了，我都不敢照镜子，真是惨不忍睹。

当然，最让我难堪的不是脸上的痘痘，而是同学们的嘲讽。有几个同学还给我起了个外号，叫“痘痘龙”，每当我走进教室，他们就会齐声念一首“诗”：“红‘痘’生‘男’国，春来发几颗……”让我很郁闷。可又一想，他们只是和我开玩笑，平时和我关系还不错，就把怒火又压回去了。

还是班里的女同学善解人意，她们看到我脸上的痘痘，不仅没有嘲笑我，还为我提供了许多补救方法。有的告诉我多吃B族维生素；有的让我注意卫生，勤洗脸洗手；有的让我用去角质的东西除去脸上的油光；还有的让我多吃青菜，少吃肉……面对这么多建议，我不知该听谁的了。

我特意留心观察了一下，班上很多同学的脸上或多或少都长了痘痘。真是奇怪啊，为什么痘痘对我们情有独钟呢？

爸爸对儿子说的悄悄话

儿子，青春痘固然讨厌，却是青春的标志物，像你这个年龄段的孩子一般都会有的，属于正常情况。爸爸年轻时也起过痘痘，只要小心调理、多加注意，痘痘自然就会消失，你不必担心。那么，你在生活中要注意哪些问题呢？

首先，要养成合理的作息习惯。经过研究发现，每天22:00～2:00是皮肤新陈代谢最为活跃的时候，也是皮肤自我修复能力最强的时候，我们应在这个时间段进入睡眠。长时间熬夜会影响人体的正常循环，让脸上的皮肤得不到修复，导致出现更多痘痘，所以保持充足的睡眠是非常重要的。

其次，要注意饮食，少吃甜食和油炸食品。因为这些食物会促使你的皮肤分泌更多的油脂，给痘痘提供生长的环境。你可以多吃一些高纤维的食物，如水果和蔬菜，它们有利于身体的排毒。毒素排出去了，脸上的痘痘自然也就减少了。平时还要多喝白开水，因为皮肤缺水也会分泌油脂，导致毛孔堵塞。

再次，要多做运动。运动可以促进身体的血液循环和新陈代谢，不但能够提高身体的抵抗力，而且在运动中皮肤不断出汗还会让毛孔保持通畅，有利于脸上痘痘的消除。

最后，每天早晚还要做好皮肤的清洁工作。最好选用中性偏碱性的香皂或者洗面奶，在脸上轻轻地按摩3～5分钟后，再用温水冲洗干净，这样就能彻底清洗掉脸上的油垢和灰尘，避免它们堵塞毛孔。需要说明的是，洗脸过于频繁也会伤害皮肤，让皮肤变得干燥和粗糙。一般来说，一天洗脸不要超过3次。

除此之外，心情愉悦也是战胜青春痘的“法宝”。因为过度的紧张和焦虑也会导致痘痘产生，所以千万不要因为青春痘而感到自卑和烦恼，平时要保持快乐的心情。只要按照爸爸说的方法去做，相信你一定会战胜青春痘，重新拥有光洁的皮肤。

声音怎么“感冒”了

我是个超级“J迷”，一天不听林俊杰的歌，就感觉好像缺点儿什么似的。班上同学对我的昵称是“杰米”。林俊杰那有着一对可爱小酒窝的面孔、卓越的音乐创作才华，以及具有亲和力、感染力、穿透力的磁性嗓音都令我深深着迷。你别说，我模仿他还真有几分神似。

平时没事的时候，我就会找他的单曲来练习，就这样，我在班级音乐课上的领唱地位一直无人能替代。但在一次音乐课上，我却在众目睽睽之下因为自己的声音丢了脸。

其实，那天早上来上学的时候我就觉得喉咙有点儿不对劲儿，感觉自己的嗓子有点儿发紧，声音变得有些沙哑，我的第一反应是感冒

了，心想可能是晚上睡觉的时候不小心把被子踢了吧。来到教室以后，我在和同桌聊天时，细心的佳玲发现我与以前有所不同，她说我的声音像动画片中的唐老鸭一样，我只好尴尬地解释说自己感冒了。就这样，一上午，我基本上都保持沉默，心里盼望着这次感冒快点儿好，好让我的声音恢复到以前的状态。

到了最后一节音乐课的时候，仍然由我来领唱。本来我一点儿都不紧张，但是刚开口唱了第一句后，全班同学都哄然大笑，我一时间有些不知所措，只是傻傻地愣在那里一动不动。音乐老师见到这个情况，就过来帮我解围，让其他同学上来尝试。下课后，老师亲切地告诉我：“不要担心，这种青春期的变化是每一个男孩都要经历的。”青春期？我听完后心里充满了疑惑。

儿子，音乐老师说得对，你已经进入青春期了，青春期的生理变化之一就是要经历变声期。通常，男孩在12～14岁的时候会出现这种情况。在这段时期内，因为男孩的喉结变大、声带变长，所以说话时声音发哑，这是非常正常的现象。你听爸爸的声音是不是很低沉、浑厚啊？那是因为爸爸的声带发育已经完成，而你的声音要过一段时间后，才会自然平稳下来，所以你不用过于担心和恐慌。

在变声期，男生的嗓音一般要比变声前低，这就是男生的噪音有时候听起来有些粗哑、变调的原因，而有的人还会出现声音嘶哑、咽干、咽痒、咽部异物感等症状。这些情况虽然有时让人感觉很尴尬，但你要注意调整自己的心态。要知道，这是你成长的标志，也是你由儿童逐渐发育成为成年人的过渡时期，是一个必经的过程。

另外，不同的男孩，变声期的长短是不同的。变声期的持续时间平均为1年，最短可能为3个月，最长可持续两三年。

在变声期的初期，你会感觉嗓音变化不是很大，说话、唱歌仍是童声，但有时会觉得对嗓音失去控制能力，发高音有很大的难度，声音不能持久，有时唱歌会走调或出现怪音；到了中期，嗓音的变化会更加明显，说话声调变低、变粗，虽然仍带童声，但童声的成分却在逐渐减少，成人声音的成分逐渐增加；到了后期，嗓音已完全变成成人的声音了，但一段时间内还会存在声音不稳定、控制不自如等现象。

除了要了解声音变化的过程以外，这期间对于嗓子的保护也非常重要。为了避免在这一时期嗓子受到伤害，你应该做到劳逸结合，不要大声说话，用嗓子的时间不要过长，更不要吸烟或吃刺激性的食物，平时要注意预防感冒，积极参加体育活动。

让人烦恼的小胡子

最近，我的嘴边和下巴上长了小胡子，这让我感到有些烦恼。最开始的时候只有稀稀拉拉的几根，所以我并不在意，可是后来越长越多，让我感觉很不习惯。虽然我看到电视上男人留胡子感觉很帅气，但我觉得还是干净的脸比较适合我。

打定主意以后，我找来了一把镊子，这好像是妈妈用来拔眉毛的，不管了，先把胡子拔下来再说吧。刚开始的时候这招很好用，也很见效，最长的几根一下子就拔掉了。虽然有点儿痛，但对于男子汉来说，这点儿痛又算得了什么呢？可让我感到意外的是，后来胡须越长越茂密，拔的速度赶不上长的速度。看来，这个方法不行，我只有改变策略了，难道我应该用爸爸的剃须刀去剃吗？

到了学校以后，我问了好哥们儿黎辉、张蒙、耀文，大家纷纷为我出谋划策，但最后并没有提出有效的解决方法。后来，在生理课上，老师告诉我们："有些青春期男生拔胡子，对自己的胡须产生厌恶感，主要是由于心理因素造成的。因为一方面，胡须的出现让很多男生感觉不习惯；另一方面，这象征着自己已经长大了，意味着自己在形象、责任等方面都会发生相应变化。有的男生不能接受自己即将成为成年人的现实。其实，这是心智不够成熟的表现。男生长胡须是青春期的必然现象，在一定程度上也代表了男子汉的力量，你们应该感到自豪，而不应该手足无措。"听了老师的话后，我明白了很多，但是还有一点疑问——究竟怎样才能消灭那些难看的胡子呢？

爸爸对儿子说的悄悄话

儿子，你现在面临的问题很多男生都会遇到。通常，在10~14岁的时候，随着性发育的逐渐成熟，男生的胡子长得特别快，这是一种很自然的现象。但是有很多男生和你一样，认为长胡须不好看，于是就用手或镊子拔，这种处理胡须的方法是非常不科学的。因为拔胡须非常容易损伤面部皮肤、毛囊以及相邻的皮脂腺，如此一来，附在皮肤表面的细菌就会乘虚而入，从而引起毛囊和皮脂腺发炎形成红肿，所以千万不要乱拔胡须。

在开始的时候，如果胡子长得不是太多或太长，就不用管它；如果胡子长得有点儿长了，你可以用剪刀剪掉，但要注意别伤着自己的脸。过一段时间后，如果胡子变多了，你再改用电动剃须刀，要注意面部应该保持干燥状态。需要注意的是，千万不要跟别人混用剃须刀，而要使用自己的剃须刀。

身上怎么长了这么多毛

最近一段时间，我发现自己胳肢窝开始长出一些弯曲的腋毛，由稀到密，由短到长，由软到硬，而且范围还在逐步扩大，就连腿上的汗毛也变得茂密起来。更令人烦恼和郁闷的是，那个地方的毛也长起来了。我很发愁，难道我要用妈妈的脱毛膏将它们一扫而光吗？那样真的有效吗？

到学校以后，我悄悄地把长毛的事情告诉了好友黎辉，本来以为他会很惊讶，然后对我刨根问底，谁知道他听后也是一脸的无奈，原来他也遇到了同样的问题。怪不得他大热天的都没有穿短袖短裤，原来是担心被女生嘲笑。看来不只是我一个人有这个问题，那么这到底是怎么回事呢？

经过细心观察，我们发现班上还有几个男生面临着同样的苦恼，而且都不知道怎样去解决。

爸爸对儿子说的悄悄话

儿子，别急着用脱毛膏，先要弄清楚你长毛的原因。爸爸帮你分析完以后，你就知道应该怎么做了。

其实，细心的你可能会发现，随着青春期的到来，你会长出阴毛，它们会越来越黑、越来越粗、越来越多，而且变得更加卷曲。

你可能还会发现，腋毛的发育比阴毛稍晚一些，特别是进入青春期以后，胳膊上、腿上都会长出许多毛发，有的男生身上的体毛甚至会蔓延到胸、腹等部位。其实，男生的体毛都是伴随着性发育而出现的第二性征，也是男子汉的标志。胡须、阴毛、身体各处的体毛都是男性健美的特征，这些都是正常的，并不是一种病态。

当然，不是每个人都能接受自己的体毛，于是，有些体毛比较多的男生就会千方百计想要脱毛。其实，这是由于其对体毛的作用不了解造成的。阴毛、腋毛等体毛除了代表人的第二性征以外，还能起到遮挡、保护的作用，使皮肤和生殖器不受外来细菌、灰尘等的侵袭。

儿子，你不要为自己长出来的体毛而过于焦虑，让它们顺其自然地生长就可以了。当然，也要注意保持清洁与卫生，为自己的形象加分。

身体为什么变“臭”了

学校最近在举办春季运动会，由于我“运动细胞”发达，所以被班主任定为种子选手。为了不给班主任丢脸，也为了给我们班争夺荣誉，我开始进行疯狂的训练。除了每天早上跑步上学外，午休时间与下午放学后，我都约几个好哥们儿陪我打篮球，目的是进行体能锻炼。还别说，每天痛快地流汗后，我的身体确实结实了不少，就连心情都倍感舒畅。

虽然在运动会上我成功地夺得了小组赛的冠军，但是在接下来的几天里又出现了新的烦恼——每次运动完后身上都会有股难闻的汗臭味。开始的时候我并没有在意，觉得晚上回家洗个澡就没事了，但只要我满头大汗地走进教室，整个教室就会弥漫着我的汗臭味。特别是坐在我旁边的佳玲以及其他女生，一个个都会捂住鼻子，然后说我不讲卫生。其实，我每天放学回家都会洗澡，还特意用了妈妈的沐浴露，早上出门的时候还是香喷喷的，但一出汗就马上变味了，我也不知道这是为什么。对此，我觉得很无奈，也很尴尬，不知道该怎样去解释，也不敢跑步去学校了。为什么我一出汗，身体就会臭臭的呢？

爸爸对儿子说的悄悄话

儿子，当男孩进入青春期后，汗多而有臭味，都是很正常的事情，你不要为此感到困扰。要知道，人的皮肤有两种汗腺，一种是小汗腺，一种是大汗腺。小汗腺分布在身体各处，而大汗腺分布在腋窝、肛门四周以及生殖器等部位。人在小的时候，大汗腺还没有发育，所以不会产生相应的分泌物，但是到了青春期，大汗腺就会迅速发育，所以，出汗的时候就会出现汗臭味。等到了老年，人的汗腺分泌功能会逐渐减退，汗也会相应减少。

当你进入青春期后，你的腋下、手、生殖器和脚等会更容易出汗，同时身上可能会产生一些气味，这些都是身体发育过程中自然的、健康的表现，所以不要觉得尴尬和羞涩。这种情况也有解决的办法。只要你平时注意清淡饮食，不吸烟，不喝酒，少吃辛辣的食物；注重日常清洁，定期洗澡和更换干净的衣服，穿着舒适、透气的鞋子，避免穿过于紧身和不透气的衣服，这样就能改善体味过重的情况。

人在紧张不安的时候通常都会出更多的汗。如果你也有这种问题，那么要注意调整自己的心态，放松心情，这些都有助于给自己减压，减少出汗。

男孩的胸部也会发育吗

早上起床的时候，我突然感觉自己的胸部有些疼痛，用手一摸，感觉还有点儿发硬。我脱了衣服仔细一看，发现乳头周围的颜色比以前暗了很多，乳晕的面积也比以前大了一些。难道我的乳房有肿块？这怎么可能，我是男生啊，应该不会有这个问题。

走出房门，看着妈妈忙碌的身影，我不好意思和她说明情况，也怕她担心。爸爸这几天出差去了，我想只有等爸爸回来以后再去解决这个问题了，说不定过几天就好了，也许是我自己想得太严重了。

下午上体育课踢足球的时候，由于争抢碰撞的原因，我的胸部被张蒙用手推了一把，刚好碰到了那个硬块，我痛得大叫了一声，然后捂住胸部，开始轻揉起来。同学们凑过来问清楚原因后，都笑话我太娇气，我只有默默地回到教室等待放学。

爸爸对儿子说的悄悄话

儿子，原来这段时间你这么苦恼，不要担心，青春期男生出现乳房增大或乳房发育并不少见，只不过男生的这种生理现象常常都会被人们所忽视。

男生在发现乳房的变化后，应及时到医院检查，不要觉得不好意思。青春期的男性乳房发育一般都会在1～2年内自行消退，所以，不要有思想负担，更不要窘迫不安。

儿子，现在你明白了这些生理知识以后，是不是对自己胸部的变化有了大概的了解？其实，你也不用太担心，每个人到了青春期，身体的各个部分都会发生一些变化，这些都是正常的，而且这也充分说明了你正在不断长大、不断成熟。

我的个子为什么这么矮

紧张的期中考试结束后，一颗悬在半空中的心总算是落了地，我如愿以偿地取得了自己满意的成绩。考试结束以后，我参加了班级的评优活动，也将自己的才华充分地展现了一把，这段日子过得既快乐又充实。

但好景不长，接下来在体检的时候发生的一件事让我感觉非常难为情。事情是这样的：第一天体检开始时，班主任带领全班同学到操场集合。由于我个子比较矮，所以站在队伍的最后一排，等到老师开始点名的时候，我走神儿了。老师见没人回答，于是就按照他的习惯，把我从队伍中揪了出来，随后有个护士让我和女生站在了一起，全队按个头高矮排列，除了两三个男生和女生站在一起外，其余的男生都排在了后面。我提出抗议，要求回到男生队伍，没想到被同学们取笑了一番……我听后脸涨得通红，感觉非常没面子。是啊，旁边的女生个头比我还高，作为一个男子汉，我感到无地自容，没等老师同意，我就撒腿跑回教室去了。

回到教室后，我趴在课桌上一句话也不说，看着抽屉里篮球运动员的宣传海报，我既羡慕又伤心，为什么我这么矮呢？我多么希望自己长得又高又壮，像爸爸那样魁梧，那样才能算是真正的男人。再过几年我就要成为成年人了，我还有长高的可能吗？怎样才能快速长高呢？我心中充满了忧虑。

爸爸对儿子说的悄悄话

儿子，不要自卑，更不要因此而感到懊恼。抬起头来，你要坚信，再过几年你就可以骄傲地告诉他们，你是个高个子的男生了。其实，在青春期会有很多男生的身高不如女生，这是正常的，所以你不要过于担心。

现在爸爸来和你说一说男生和女生的生长发育规律。在童年时期，同年龄的男女身高基本差不多，但是进入青春期后就开始出现差异，女生身高突增的开始年龄要比男生早两年，所以11～13岁的女生身高普遍超过同龄男生。到了14～16岁，男生的身高增长速度开始加快，由于男生停止生长的时间比较晚，所以整个生长期要比女生长一些，这段时间男生身高的增长幅度会比较大。通常情况下，青春期结束后，男生的身高都会明显超过同年龄的女生，比同年龄的女生高10厘米～13厘米。

一个人的身高如何，主要取决于骨骼的生长发育。男生身高突增高峰虽然来得比女生晚一些，但却不影响后期发育，过了青春期以后会形成大多数男生明显地高于女生的特点。

在青春期身高突增阶段，上下肢的增长要比脊柱增长得快，所以在青春期坐高和身高的比例开始逐渐缩小，到了青春期的中期往往会降至最低点，此时的青少年会显出长臂、长腿的不协调体态。这种情况持续到青春期的后期就会转变过来，那时青少年坐高和身高的比例就会达到成年人的正常标准。

青春期的男生和女生都需要消耗大量的营养物质。所以，在这段时期适当地补充营养是非常有必要的，当然还需要加强体育锻炼，这样才能使身体发育得更好。

我为什么这么瘦

我从小就给人一种很瘦弱的感觉，即便是经常锻炼身体，依然显得有些不够结实。虽然现在我不断在长高，但身材却没有多大的变化。班上的同学给我取了一个“豆芽菜”的外号。

好友张蒙这几年的变化倒是挺大的，他的小身板变得结实了许多，我很羡慕他，于是私底下询问他变强壮的秘诀。他告诉了我其中的“精髓”——多吃甜食与膨化食品，洋快餐也是必不可少的。

前几天上网浏览网页，发现网上介绍膨化食品与快餐的食用价值并不是很高，营养也并不丰富，青少年不应该过量食用。这样看来张蒙的方法是治标不治本，并不能使我真正拥有强壮的身体，那么我究竟应该怎么做才能变得强壮呢？

爸爸对儿子说的悄悄话

儿子，你不要为自己过瘦的体形而感到难堪，更不要因此而自卑、苦恼。男子汉要学会坦然面对自己的体形与体重，顺应自己身体生长的自然规律，逐渐适应人与人之间的这种个体差异，学会接纳自己。再说，体重也不是一成不变的，只要精心调理，保证充足的营养，过瘦的身材一定会有所改善。

其实，很多时候体重的增长主要源于身高的增长，同时也有骨骼变粗、肌肉更发达等多方面因素的作用。调查发现：在我国城市中，男生体重增长最快的阶段是13~15岁，其中，14岁是体重增长的高峰期，一般过了15岁以后增长的速度就会变慢。等到了十五六岁的时候，男生和女生的体重都已经接近成年人了。

现在，人们的生活水平普遍提高了，对孩子的营养也越来越重视，父母总是想把最好的东西给孩子吃，孩子也越来越喜欢吃快餐和各种各样的零食。这很容易造成两种极端：一种是越来越多的青少年因为营养过剩或者营养不均衡，造成脂肪大量堆积而使体重骤然增加，甚至体重超标而成为“小胖墩儿”。这种胖是虚胖，并不是强壮。另一种是有的孩子因为挑食、偏食造成长期营养供给不充足、不均衡，而有的孩子因为怕长胖影响身材而有意节食，最后成为“豆芽菜”。无论是哪种情况，都对你们今后的生长发育、身体健康非常不利，所以，在这个阶段，既要注意补充均衡的营养，也要注意适当的体育锻炼，既不要当“小胖墩儿”，也不要当“豆芽菜”，这些你需要牢牢记住。

儿子，就算你现在没有别人强壮也不用担心，一段时间后，经过饮食的调整和锻炼等方面的加强，这种情况一定会有所改善。当然，有的人会因为受到遗传因素等影响而身材比较瘦弱，而且很难改变，但无论胖瘦，健康是第一位的。你要知道，身材只是个人魅力的一个方面，并不能代表全部，如果改变不了，那就尝试着去接纳它、欣赏它，或者通过其他途径来提升自己的魅力。

第二章

身体密码：青春期照顾好你的私密地带

青春期的到来，标志着男孩开始向成年人过渡。这一时期，你会发现自己的生殖器官逐渐发育成熟，除了长出阴毛、睾丸和阴茎增大、性腺发育成熟以外，同时还伴有遗精等现象。了解了这些身体发育特征以后，你要学会照顾好自己的私密地带，卫生问题不容忽视；平时也要注意营养和休息，还要锻炼身体，为一生的健康打下良好的基础。

为什么大人那个地方颜色深

最近我洗澡的时候发现自己阴部周围的颜色变得越来越深，感觉非常奇怪，不知道是我一个人这样，还是大家都这样？

正好晚上爸爸洗澡的时候让我帮他搓背，于是我趁机观察了一下，我发现爸爸阴部周围的颜色更深，这又是为什么呢？难道年龄越大颜色就会越深吗？看来明天我得去问问朋友们，如果大家都一样，那么我也就没什么好担心的了。

带着疑问我很快进入了梦乡。第二天，我来到学校，本想趁着午休时间询问几个哥们儿的，但却被哥们儿约去打篮球，一时间忘了此事。等到大家都去厕所时，我才猛然想起这件事，我用余光扫了一眼大家的阴部，发现大家那个地方皮肤颜色都差不多，这让我长舒了一口气。

既然颜色是正常的，那么我就不用担心自己的身体状况了。可是，我依然疑惑为什么随着年龄的增长，阴部周围皮肤的颜色会越来越深呢？难道我长大以后也是爸爸那样的颜色吗？还是有什么别的因素？

爸爸对儿子说的悄悄话

儿子，很多男生在你这个年龄时也有着和你一样的疑惑，为什么自己和爸爸的阴部皮肤颜色不一样呢？为什么差别会这么大呢？其实，阴部肤色变黑的原因并不只是年龄的问题，还有性激素的影响。

一般男生进入青春期之后，阴部都会出现色素沉着的现象。造成这一现象的重要因素是性激素。性器官等部位的性激素浓度较高，长期受到性激素刺激的结果是黑色素大量沉积从而使得阴部周围的肤色变深。

要知道，阴部颜色加深的程度是因人而异的，当然也与本身所含的色素量有关。

如果你仔细观察，还会发现，成年男性的乳头及乳晕的颜色会比较深，而青春期男生的这些部位颜色相对较浅；成年男性的阴囊颜色也比较黑，而刚进入青春期的男生，阴囊颜色和周围的肤色很接近，等到过了青春期，才会逐渐与成年男性颜色接近。

关于包皮和包茎的小秘密

这天早上上学的时候，一进教室就看到女生们交头接耳，男生们窃窃私语，也不知道发生了什么事情，我一头雾水地坐在座位上。不一会儿，好友黎辉跑过来和我八卦，原来班上有一个男同学去做手术了。“身体不舒服去医院很正常啊，有什么大惊小怪的。”大家的反应如此激烈，这让我感到很诧异。黎辉马上说：“我还没有说完呢，你先别这么早下结论！你知道什么是包皮切除手术吗？”他这么一问，我有点儿蒙了，包皮好像是生理书上说的阴茎外面的皮肤，怎么还要切除呢？

看我满脸困惑，黎辉也摇摇头，表示自己也不知道。看来正是因为好奇，所以同学们才这么热烈地讨论。

两天后，那个做手术的同学回学校上课了，看着他走路时奇怪的样子，还有满脸痛苦的表情，女生都在底下窃窃私语，而男生大多跑去询问原因，当然，我也不例外。但大家问了半天也没问出所以然来，只好作罢。

我心里也很纳闷，切除包皮的手术到底是什么样的手术呢？是不是每个男生都会经历呢？看来还是晚上回去问问爸爸吧，也许他知道答案。

爸爸对儿子说的悄悄话

儿子，幼年时男孩的包皮通常都比较长，会包住整个阴茎头。不过到了青春期，阴茎的生长速度明显加快，龟头也开始膨胀变大，当勃起的时候会很自然地暴露出来，包皮也会翻向后方。如果处于这个发育阶段的男性在勃起时包皮仍然包着龟头不能露出，但是用手往后翻时就能露出龟头的，称为包皮过长。如果包皮紧包住龟头，使得龟头不能外露的，叫包茎。包皮过长或包茎不利于男性的身体健康，需要进行适当的治疗。

包皮过长和包茎的危害比较大，容易在男性的冠状沟里堆积包皮垢。包皮垢是细菌生长的温床，容易导致包皮炎、龟头炎、尿道炎、阴茎炎等疾病，长大后还会影响到夫妻的性生活。

有的男性会遇到包皮过长、包茎等问题，但这并不可怕，只要注意养成良好的卫生习惯并积极进行治疗，一般都可以解决。男性要记得经常把包皮翻过来清洗，以保持局部清洁卫生。如果需要做手术，不可拖延，以免加重病情。包皮环切手术是常用的方法。

青春期正是一个人自信心培养的关键时期，如果身体上出现这一“缺陷”，有的人会认为自己和其他同学不一样，极有可能产生巨大的心理压力。所以你要记住，在学校或者私底下千万不要与别人议论这件事情，以免使他人感到尴尬，让其更加自卑。

阴部又痒又潮，是病吗

最近运动多了，所以大腿内侧出汗也多起来，有的时候我打完篮球感觉筋疲力尽，懒得洗澡，一躺下就睡着了。男生寝室大多是这个样子，哥儿几个出门看着光鲜帅气，但在屋里都邋里邋遢，一条内裤穿几天后就放在盆里泡着，还有更绝的就是正面穿完了再反过来穿。可是到夏天快要结束的时候，我们几个的私密处总是瘙痒难忍，阴囊整天都是潮湿的，还散发着一股怪味。

我仔细观察了一下自己的阴部，发现阴囊皮肤有些发红，没有其他的异样，不过每次抓完后更痒，像是有无数小虫子在爬行一样。大家经过交流，发现彼此的情况都差不多。这到底是怎么回事呢？除了忍住抓的冲动外，自己还能做些什么呢？

这件事我既不敢告诉家里人，也不好意思去学校医务室咨询，只能在相关图书或网上寻找答案，但并没有找到科学而详细的解释，所以一时间有些不知所措。我和几个好友经过讨论之后，决定让耀文回去问他当医生的爸爸，毕竟人家是专家。

爸爸对儿子说的悄悄话

儿子，其实以后再遇到这类问题你可以直接来问爸爸，爸爸也是男人，也经历过这些，所以会告诉你答案。当你进入青春期以后，外生殖器受到外界的刺激和影响，会产生一些分泌物，特别是运动以后，身体出了很多汗，如果不及时清洗，保持全身干爽，就容易使阴部滋生细菌，长此以往阴部就会感觉又痒又潮。

阴囊湿疹是夏季较为常见的一种皮肤病。阴囊、阴茎的皮肤褶皱多，汗腺也较多，加上又被内裤所包裹，如果大量出汗，加上残留的尿液等混合在一起，又不能得到充分蒸发，阴囊长时间处于潮湿的状态，就很容易发生湿疹。严重者的阴囊皮肤上会起小红疙瘩，瘙痒难忍，如果人为地抓破后就会流黄水、结脓痂，阴囊也会随之肿得像绣球一样，所以阴囊湿疹有时候也被人们称为“绣球风”。这类疾病在临床上分为糜烂型和干燥型两种。这两种情况有个共同之处——奇痒难忍，有些人患病后不做正规检查便按性病或癣症来治疗，结果越治越严重。此外，阴囊湿疹和情绪也有很大的关系，如果人们心情愉快，睡眠充足，注意卫生，然后接受及时的治疗，一般会很快康复。

需要记住的是，无论阴囊湿疹有多么痒，千万不要用手去抓，因为抓破后很容易引起化脓感染。也要记住不要用酒精等刺激性强的物品进行涂抹。阴部出现又痒又潮的情况后，除了进行必要的检查和治疗外，也要远离烟酒，不喝浓茶和咖啡，还应该注意经常换洗内裤，穿着宽松、透气性良好的纯棉内裤，尽可能不要穿牛仔裤，全身保持清洁的状态。

为什么阴茎总偏向一侧

最近上厕所的时候我发现自己的阴茎总喜欢偏向左侧，开始的时候我也不是很在意，看着它偏了，就用手把它扶正，但每次我刚拨到中间，它又偏向了另一侧。这种情况让我百思不得其解。到了晚上睡觉的时候，为了让阴茎保持不偏，我会一直用手扶着它，但是等我进入梦乡后，手就不自觉地放了下来，等半夜醒来后发现它又偏向了左侧。不过早上起来它一般居中。这到底是什么原因呢？

为了弄清楚这种情况，我问了几个好友，发现他们并没有这样的困扰，难道我是个例？这样的结果让我感到非常的恐慌，我这是怎么了？难道生病了吗？

放学回家后，我在厕所里悄悄对爸爸说出了心中的困惑，爸爸仔细看了我的阴部，询问了一些问题后，劝我不要担心，说这是正常现象，以后穿内裤不要太紧就行了。为了让我安心，爸爸还带我去了一趟医院。知道自己没有大问题以后，我总算是松了一口气。

爸爸对儿子说的悄悄话

儿子，现在你也应该适当地了解一些关于“私密地带”的知识了。要知道，阴茎偏向一侧有几种情况，如果平时自然偏向一侧，勃起时却不偏就是正常的情况。但如果在勃起的时候还是偏向一侧，那么就可能属于阴茎弯曲造成的歪斜，这有可能会影响到今后的性生活，可能需要做矫正手术。还好你属于前者，所以不用担心。

阴茎歪斜在男科疾病中比较常见。阴茎歪斜的程度和很多因素有关，如包皮包茎、手淫、内裤过紧等，通常情况下不影响排尿和正常的性生活。如果是包皮包茎，可以进行相关手术处理。如果是手淫造成的，就需要戒除手淫，因为手淫会刺激阴茎海绵体并使其充血，进而强迫阴茎勃起并射精，手淫过于频繁可能会影响阴茎的正常发育。另外，男生平时最好穿宽松的内裤，这样可以减少对阴茎的压迫。如果出现阴茎勃起后疼痛或者是影响排尿的情况，那么就要及时去医院就诊了。

一般来说，阴茎弯曲可以分为生理性弯曲和病理性弯曲两种情况。阴茎主要由3条海绵体组成，阴茎勃起是阴茎海绵体充血的结果，但由于充血时每条海绵体的充血程度和大小不一样，所以阴茎弯曲的方向也不是一定的，不过大多数情况下都是向充血的方向弯曲。这种生理性的弯曲对今后的性生活一般没有太大的影响，也不需要治疗。如果弯曲严重且属于病理性弯曲，则需要到医院进行治疗。

你了解自己的“蛋蛋”吗

这天中午打完篮球没什么事可做，于是有人建议聊聊生理结构。这句话一出，马上引起周围几个兄弟的强烈兴趣，毕竟在这个年纪，对性知识还处于比较懵懂与好奇的状态。

聊了半天之后，好友黎辉突然问大家一句：“你们了解自己的‘蛋蛋’吗？”大家一时语塞，我想了想就套用生理课本上的知识说起来：“男性生殖器官包括外生殖器官和内生殖器官。外生殖器官指的是阴茎和阴囊，而内生殖器官则包括睾丸、附睾、输精管、射精管、前列腺、精囊腺以及尿道球腺……”还没等我说完，周围几个人都哄然大笑，不约而同地说道：“不是让你背书，是让你说说睾丸的结构，你自己是怎么理解的？”我挠挠头，这个问题我还真没想过，也没有具体研究过，

只好承认自己不知道了。

接下来大家讨论了半天，也没说出个所以然来。看来大家对自己的身体还不是特别了解，只知道一些相对简单的知识点，而且这些概念都是从生理书上获得的。详细的内容，还真得等到上生理课的时候问老师了。

爸爸对儿子说的悄悄话

儿子，看来你在学校学到了不少知识，爸爸真为你感到高兴。既然现在你已经知道睾丸是男性生殖器官的一部分，那么就由爸爸来给你具体讲解一下睾丸的结构是怎样的。

睾丸位于阴囊内，是两个微扁的椭圆体，表面比较光滑，前端游离，后面附有系膜，分别悬垂于两侧阴囊内，为男性生殖腺，能产生精子及分泌雄激素。左侧睾丸通常比右侧略为低一些。

睾丸在胚胎发育期为腹膜后器官，一般正常发育的男婴在出生的时候睾丸便经由腹股沟管下降至阴囊内了。睾丸的表面有一层坚厚的纤维膜，称为白膜。白膜包围睾丸实质，而白膜的后上方特别增厚，人们通常称之为睾丸纵隔。睾丸纵隔发出许多结缔组织小隔，将睾丸实质分成许多睾丸小叶。而每个小叶都包含着盘曲的精曲小管，精曲小管的上皮能产生精子。小管之间的结缔组织内有分泌雄激素的间质细胞。精曲小管结合成精直小管，进入睾丸纵隔交织成睾丸网。

此外，睾丸会随着年龄的增长而生长、衰老。睾丸间质细胞可随着性机能的衰退逐渐发生退行性改变，从而使睾酮的分泌大量减少，导致睾丸的容积也相对减小，性欲也会逐渐衰退。由此可见，睾丸对男性性功能有着非常重要的影响。

告诉你精子是怎么一回事

在很小的时候，我一直好奇自己是怎么来到这个世界的，爸爸告诉我是从子宫里来的。我问自己为什么会到子宫里去。爸爸告诉我，父母在开始要宝宝时，需要妈妈身体内的一个微小的卵细胞和爸爸身体内一些微小的精子细胞。当卵细胞和精子细胞结合在一起时，就形成了受精卵，受精卵慢慢发育为胎儿……

我的同学对此有不同的说法，但我坚信爸爸说的是正确的。上了中

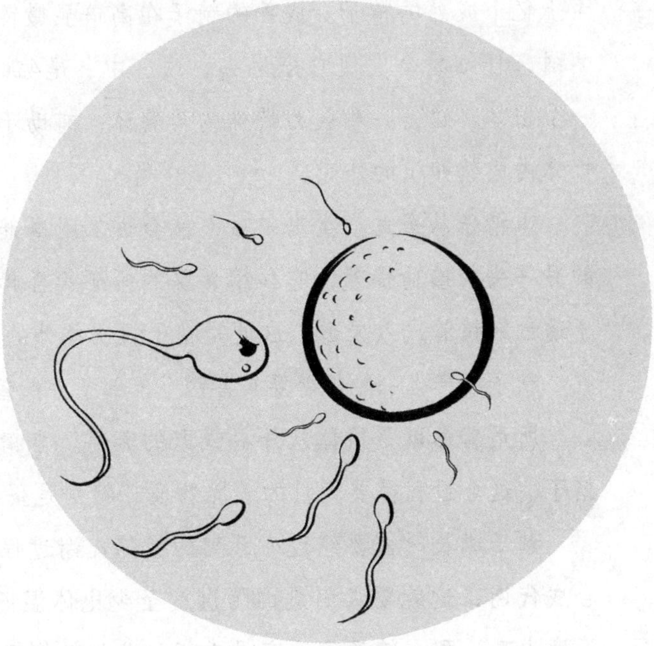

学后，我逐渐明白了生殖器官的作用，知道当两个人彼此相爱，可能会互相亲吻、拥抱或以其他令他们感到愉快的方式接触。有时候，当男人把自己的精子通过阴茎射进女人的阴道里，就可能孕育出一个宝宝。

有了这个概念后，我对精子更加好奇了。精子到底是怎样产生的呢？需要什么条件？又是通过什么通道出来的呢？……

爸爸对儿子说的悄悄话

当男孩进入青春期以后，由于雄激素的作用，睾丸内的精原细胞开始大量繁殖。每个精原细胞都要经过72天的分裂，到最后会变成4个精子，其中有两个是X型，两个是Y型。虽然每个精子的发育基本都要经历两个月的时间，但对于一个成熟的正常男性来说，每天差不多都会产生5000万个新的精原细胞，每天也都会产生几千万至上亿个成熟的精子。成熟的精子在高倍显微镜下看起来非常像小蝌蚪，仔细看会发现它分为头、颈、中、尾4部分。在它的头部有一个顶体，这是一种较为特殊的溶酶体，有助于受精过程中穿透女性体内成熟卵子的外壳。

当精子从睾丸产生出来后，就会进入附睾继续发育成熟。附睾的另一头紧接输精管，它和精囊腺的排泄管合起来称为射精管。精子通过射精管进入尿道，这便是精子排出体外的途径。

精子的产生一般都需要具备两个外部条件：营养和适宜的温度。

所谓营养就是机体从外界吸取的养料。当精原细胞分裂演变成精子，这个过程需要大量的营养物质，特别是蛋白质。

精子成长时需要经过一系列的新陈代谢过程，特别是蛋白质的合成代谢，这就要求阴囊内的温度至少比体温低1℃。如果睾丸的温度太高，那么精子往往容易夭折。曲细精管里产生的精子还没有完全的生育能力，在附睾里才会逐步发育成熟。现在，你的疑惑应该解除了吧。

床单上怎么会湿湿的

这天半夜醒来，我发现自己的内裤湿了，奇怪，我都这么大了，怎么还会尿床呢？我已经好多年没有这样了啊！看来晚上不应该喝那么多水了。可是，我摸了摸床单，感觉不像是尿，手上还沾到了黏黏滑滑的东西。

我连忙打开台灯，仔细查看，但看了半天也没有得出答案。算了，这真是够丢人的，不管是什么，先洗洗吧，反正现在也睡不着了。于

是，我换下内裤，抱着床单便跑到厕所里去搓洗。一边洗一边心里庆幸地想：还好我动静小，不然吵着爸爸妈妈就不好了，幸亏现在我放暑假待在家里，如果在寝室里发生这样的事，那该多么尴尬呀。

洗好床单和内裤后，我又蹑手蹑脚地跑回房间里。天快亮了，我还是继续躺在床上睡觉吧，不然让爸爸妈妈看出什么就不好了。等早上起来后抽时间上网查一查原因，看自己是不是生病了。打定主意后，我心里踏实了不少，不一会儿就进入了梦乡。

早饭过后，妈妈在厨房里刷碗，爸爸在整理文件，可是不一会儿我就看见爸爸和妈妈在小声讨论着什么，难道他们发现我的秘密了？果不其然，妈妈去阳台晾衣服的时候看到了我洗的床单和内裤，她一下子就猜到了什么，并冲我笑了笑，看来，我的秘密已经被发现了。

爸爸对儿子说的悄悄话

儿子，每个男生进入青春期都会出现这样的情况，所以你不要觉得不好意思。随着你年龄的增长，性功能逐渐成熟，在睡眠状态下会从尿道排出乳白色的液体，这种现象叫作遗精。遗精是男孩长大以后因为身体自然发育而出现的一种正常的生理现象，是你长大成人的标志。

现在你面临着一个现实的问题——发生遗精后，应该如何正确地清洗弄脏的内裤、床单等。可以先使用洗衣液浸泡10分钟，然后再清洗，那么内裤、床单上的斑渍就可以轻而易举地清洗干净了。不过为了减少因为遗精弄脏衣服、床单，在睡觉前最好能在床上准备一些卫生纸，这样再发生遗精的时候就不会感觉很尴尬了。

爸爸在此还要特别提醒你一点：虽然遗精是男性正常的生理现象，但人的意识、情绪、卫生习惯等对遗精具有一定的影响。平时，只要你能注意降低这些方面的影响，那么遗精的次数还是可以相应减少的。

你对遗精要有一个正确的认识，要明白它是正常发育的标志，也是正常的生理现象，没必要感到害羞、担心、紧张。另外，你现在这个阶段的学习任务非常重，而身体发育过程中所遇到的问题有时会对你的情绪产生较大的影响，所以你要努力把注意力集中在学业上，在业余时间可以多参加一些文体活动，养成良好的生活习惯，不看与性刺激有关的内容，这样也能有效地减少遗精现象。

具体到生活习惯方面，要注意几点：睡觉前不要多饮水，避免憋尿；睡觉时不要盖太重的被子；内裤以宽松为主；养成良好的卫生习惯，每天清洗阴部，这样就可以减少因为外部因素的刺激而引起的遗精。

总之，你既要用正确的态度来看待遗精现象，不必过于紧张与焦虑；又要在生活中养成良好的习惯，这样才有利于身心健康。

一滴精真的等于十滴血吗

这学期快要结束的时候，几个同学拉着我去看画展。到了展览馆以后，我便和好友黎辉、张蒙、耀文到处闲逛，走马观花地看了一幅幅颇具艺术气息的作品后，就准备离开了。但是走到二楼的拐角处，看到墙上挂着的都是女性的裸体画，我的脚步不由自主地停了下来，我走到这些画前，心里充满了好奇。

画中的女性很漂亮，身材也很完美，虽然私密部位都被巧妙地遮挡住了，这反而更能够引起人们无限的想象。耀文见我目不转睛，忙拍我的肩膀说：“‘一滴精等于十滴血’你不知道吗？不要沉迷于此哦！”我一听，吓出一身冷汗，忙追问原因，他摇摇头表示自己也不清楚。

在回家的路上，我一直都在思考耀文的话，“一滴精等于十滴血”，这句话似乎没有什么科学依据，成熟男性不是一直都会产生精子吗，怎么还会这么宝贵呢？节欲保精真的有益于身体健康吗？

爸爸对儿子说的悄悄话

儿子，在生活中我们经常都会听到“一滴精等于十滴血”的说法，我们在此先不讨论这种说法是否正确。对于这样一句话，大部分的人都认为它的意思是一滴精液和十滴血的营养等同，其实不是这样，古人的意思是每滴精液所需要的生机和十滴血所需要的生机是一样的，因为来之不易，所以显得十分珍贵。

因为每一个男性都是依靠精子来传宗接代的，所以在民间有人认为遗精会丧失元气，有失血色，损害健康，提倡节欲保精。实际上，精液和血液之间并没有什么联系，因为精液是由精子和精浆组成的。而精子产生于男性的睾丸，精浆则是由精囊、前列腺、尿道腺等附属性腺所分泌的液体混合而成的。精液的主要成分是水，还含有少量的蛋白质、脂类、糖、酶类、无机盐等，所以遗精对身体而言并没有太大的损害；而血液则是起源于造血干细胞，主要造血器官为骨髓，血液主要是由红细胞、白细胞、血小板与血浆组成的。所以，生精和造血分属于人体的两个不同系统，并没有什么交集。

对一个健康男性来说，精子、精液是在无时无刻、源源不断产生的，并不会因为人为地加以储藏就逐渐增多。对于没有性生活的年轻人来说，可以通过遗精或手淫等多种方式让精液溢出。况且经过排泄，对人体的性需求、性紧张都会起到释放和缓解的作用，在一定程度上还可以促进新陈代谢，有利于人们的身心健康。其实，精液并不神秘，人们通过饮食和正常的新陈代谢就可以让它得到不断的补充。即使射精，也不会对健康产生较大的影响，除非是过度频繁，没有节制。

如果男性错误地把精液当成“至宝”，惜精如命，害怕自己会丧失元气，从而在潜意识中抑制射精，时间一久可能会造成逆行射精、不射精等性功能障碍，严重者还会导致不育。平时带着节欲保精的思想压力，往往还会出现精神萎靡、神经衰弱、容易疲乏、腰酸腿软、失眠多梦等症状，久而久之就会导致性欲减退、阳痿早泄等性功能障碍。长此以往，精子的受精能力和精液质量就会下降，还有可能会导致免疫力低下，严重地影响身体健康。

第三章

青春保健：呵护好青春期的身体

青春期是男性成长的一个重要阶段，在这个阶段，男性会出现很多生理变化，男生应该多了解一些正确的保健知识，以免给身体带来伤害。要尽可能保证营养，培养良好的卫生习惯，拒绝烟酒诱惑，平时多参加体育锻炼，注重心理健康，保持心情舒畅，正确对待疾病，及时就医。在学会呵护自己身体的同时，也要学会释放压力、调整自我、放飞心情。

呵护眼睛，拒绝近视

这段时间，我迷上了玄幻小说，白天看，晚上也看，就连上厕所的时候心里惦记的都是下一章故事发展的情节，这本名为《斗破苍穹》的书有500多万字，而且仅是第一部。作者天蚕土豆的文笔非常好，我可以说是他的忠实追随者。到了晚上该睡觉的时候，我在爸爸妈妈的严厉警告下不得已关上了电脑，但这并不能阻止我继续看自己喜欢的书，还好我早有准备，提前把小说下载到了我的平板电脑里，这样我就可以躲在被窝里尽情地看书了。

这一年的暑假过得特别快，新学期快要开始的时候，我已经看完这部小说了，还赶在最后几天里完成了暑假作业。不过到了学校以后，我看见不少同学都戴上了近视眼镜，有的同学说自己暑假用眼过度，近视的度数又增加了。

上课后，我在看黑板上的字时感觉有些模糊不清，难道我也近视了吗？几天后，我跟爸爸到医院查完视力后就傻眼了：1.5的视力下降到了1.0。唉，看来我也难逃戴眼镜的命运了。正当我后悔不已的时候，医生说我可能是假性近视，只要注意保护眼睛，改变不良用眼习惯，缓解眼睛疲劳，多注意休息，还是可以恢复到以前的视力的。得知这一消息后，我总算松了一口气，看来今后我得多保护自己的眼睛了。

爸爸对儿子说的悄悄话

儿子，眼睛是人观察世界的重要器官，也是人与外界沟通的主要渠道。都说眼睛是心灵的窗口，所以你更应该注意保护好自己的眼睛。如今青少年中戴眼镜的人越来越多了，眼部健康问题不容忽视，保护视力也刻不容缓。

调查发现，大多数中低度近视眼的发展与眼球发育阶段视近物过度有密切的关系。眼球发育通常都是在20岁前停止，而近视眼在12～18岁为高速发展期，这段时间也正是青春期学生看书多、功课多、作业忙的阶段。此外，长时间看电视和电脑、玩游戏等因素使学生的户外活动明显减少，加上有些学生不注意用眼卫生，阅读、写字时不注意保持合理距离与正确姿势，平时也不注意阅读照明和阅读时间，使得眼睛过度疲劳，睫状肌长期持续收缩造成调节痉挛，从而可能出现假性近视或调节性近视，如果不及时调整，那么进一步发展就很可能成为真性近视。

目前近视已经成为影响学生身体健康的一大问题，要想预防近视，就要在日常生活中保护好自己的眼睛。在学习过程中，阅读和书写时一定要保持正确坐姿，眼睛与书本至少要保证30厘米的距离，同时还要保证桌椅舒适、照明充足。连续阅读45～60分钟后，就要做适当休息。休息时应尽量到户外活动或走到窗前眺望远处，当然也可以做做眼保健操，这样就能使眼睛得到充分的休息。要知道，长时间连续阅读、躺着看书、坐车及走路看书等都会造成视力下降。

视力不好的原因除了用眼疲劳和姿势不正确以外，营养不良和先天不足也是重要的因素。青少年平时应避免挑食，可以多吃富含维生素A的食物，例如动物肝脏、胡萝卜、南瓜、杧果、橘子等，这些都有利于促进眼睛健康，富含维生素C的柚子、番茄、枣、猕猴桃等也应多摄入一些。另外，一些微量元素对眼睛的健康也同样重要。

进行食物调节的同时也要注意眼部卫生，平时要尽量避免用脏手揉眼睛，以免发生感染。多用流动的水洗脸，按时更换或清洁毛巾。

用眼药水滴眼时，还要注意不要使瓶口接触眼睛，避免眼药水污染及造成眼睛损伤。

当然，保护视力的关键还在于早期预防。只有每个人都自觉保护视力，注意用眼卫生，才能使我们的心灵之窗变得更加明亮。

变声期，怎样保护嗓子

进入变声期以后，我的声音像唐老鸭一样，说话时总会遭到大家的嘲笑，所以我干脆保护好自己的嗓子少说话。

前几天，张蒙约我们几个朋友一起庆祝他13岁的生日，我带着礼物参加了生日聚会。那天大家玩儿得很开心，饭店里的麻辣火锅也很美味。热火朝天地吃完火锅后，几个好朋友觉得还不够尽兴，于是拉着我

去KTV唱歌。开始的时候我考虑到自己嗓子不好，便一直都在默默地听别人唱，偶尔喝喝冰镇饮料，后来张蒙让我和他合唱一首《兄弟》，我不好意思拒绝，于是硬着头皮一起大声唱了起来。接下来越玩儿越起劲儿，我也不断扯着嗓子大声唱歌，几小时后，我们玩儿得筋疲力尽。

那天，我们玩儿到半夜才各自回家。第二天早上起来已经是10点多钟了，还好是周末，否则肯定会因为上学迟到挨批评。这个时候我感觉喉咙很痛，想叫爸爸帮我倒杯水，但怎么都说不出话来，我内心一惊，难道自己失声了，这可怎么办啊！我连忙跑到爸爸面前，指着自己的喉咙。爸爸见我这样便关切地说：“昨天你玩儿得那么晚，早上起来都说不出话来，看来是伤到嗓子了，一会儿跟我去医院检查一下。以后要注意保护自己的嗓子，特别是你现在处于变声期，更要注意保养。”听到爸爸的话，我无奈地点点头。

儿子，以前我和你说过，男生一般从13岁开始，有的可能早点儿或晚点儿，有半年至一年的时间，喉部会产生异物感，同时还会出现声音嘶哑、发音走调、音域狭窄等现象。在这个时期内，男生的嗓音会发生一些改变，从清脆嘹亮的童声逐渐转变为浑厚低沉的声音。这就是每一个青春期男生都会经历的变声期。

在变声期内，你要特别注意保护好自己的嗓子，不然，声音就可能会变得嘶哑，不仅不能唱出悦耳的歌声，就连平时说话也会变得难听。所以，在变声期内你应注意以下几个方面的问题：

控制音量。尽管现在很多男生都喜欢唱歌，但在变声期内应有所节制。在生活中尽量做到不大喊大叫，否则容易使声带受损，导致声带黏膜下部出血，严重者还可能会引起声带肥厚等症状。因此，在变声期每次唱歌的时间都应该严格控制，尤其不宜唱高音和强音，在游戏或运动的过程中也不要长时间高声叫喊，更不要在刮大风的天气和灰尘大的环境里大声讲话。每次唱歌、讲话以后，不要立刻就跑去喝冷水或吃冷饮，以喝温开水为宜。

注意保暖。在寒冷的季节里，外出时要注意用围巾或高领毛衫保护好自己的颈部，以免吹风着凉。这个时期也要注意预防感冒等疾病的发生。

注意饮食。在变声期内，日常饮食方面也要注意尽量少吃辛辣、过冷过热和油腻的食物，例如辣椒、胡椒、麻椒、大蒜及油炸食品等，以免对嗓子造成不良影响与刺激。此外，喝酒和吸烟也会影响青少年的声带发育，所以也要坚决杜绝。

体勿过劳。处于青春期的男生精力旺盛，容易过度劳累，这样会使身体抵抗力下降，从而引起喉炎、扁桃体炎等疾病。时间一久，不仅说话、唱歌会变得有气无力，喉肌也容易疲劳，这样下去也会影响声带的发育。因此，处于变声期的青少年应当尽量避免过度劳累。

及时治病。一旦患了上呼吸道感染和急性咽喉炎，要立即就医，及时治疗。

良好的卫生习惯为健康加分

这天午休，我在好友的极力邀请下，来到他们宿舍参观。当我跟着好友推开他宿舍门的时候，里面几个男生都很热情，这让我有些受宠若惊，不过我一进门就闻到一股酸酸臭臭的气味，而且进去以后都没有地方落脚。大家热情地招呼我坐下，还给我开了一罐饮料，但身处这种乱七八糟的环境，我都不知道坐哪儿好了。好友有些不好意思，摸着脑袋解释道，几个哥们儿都比较豪爽，不拘小节，下了晚自习以后往往是脚不洗、脸不洗，脱了衣服就往被子里钻。大家每天在这里都是吃零食、睡觉，垃圾都懒得扔，脏衣服、臭袜子都是等着周末带回家去洗。至于床上的气味，可能是身体出汗后留在上面的，不过他们认为这正是男人的象征，而且有种自由自在的感觉。

我一边观察他们的宿舍一边和自己的家做对比，有爸爸妈妈在，我的房间永远都是整整齐齐、干干净净的，我还是觉得那样比较舒适。待了十几分钟后，我闻到房间里的异味越来越浓，看到好友衣服与被子上都有了霉斑，我还是说了一些关于卫生方面的问题，不过大家对我的建议不以为然。一个星期后，听说男生宿舍有的同学身上开始出现大面积的红斑，这让很多人都慌了，住校的男生都开始注意个人卫生，并认识

到养成良好的卫生习惯是关系到身体健康的大事。

爸爸对儿子说的悄悄话

讲究卫生是每个人从小就要养成的好习惯，对处于青春期代谢旺盛的你们来说更是如此。

对于男生而言，应该经常保持身体清洁，如洗澡、洗头发、换衣服、剪指甲……这不仅仅是为了给他人一个良好的印象，更重要的是为了给自己一个健康的体魄。如果你不坚持早晚刷牙，口腔不仅容易产生异味，而且可能会出现龋齿，继而严重影响到你正常的咀嚼和进食。如果你长时间不洗澡、不洗脚，则非常容易滋生细菌，导致皮肤病等。

当然，我们除了要保持身体的清洁以外，学习、生活环境的清洁卫生也同样不可忽视。如果是住校生，寝室的卫生问题一定要引起大家的重视。如果寝室的空气污浊，又不断有人在制造垃圾，空间越来越小，衣服、零食、生活用品等乱摆乱放，这样的环境对身体健康十分不利。所以，不管在寝室还是家里，都要尽可能经常打扫，保持环境整洁与空气清新。只有养成良好的卫生习惯，才能让自己更健康、更有活力。

营养跟得上，身体才强壮

紧张的期终考试即将来临，由于生活和学习节奏较快，我的身体逐渐有些吃不消了，一个月下来，我的体重下降了两千克。妈妈看到我瘦了，非常心疼，决定去给我买些营养品，并开始学习营养搭配，但是我没有什么食欲。在妈妈的强烈要求下，我开始一边吃她专门为我购买的营养品，一边尽量多吃她为我做的营养丰富的饭菜，同时，我尽量少吃薯条、汉堡等食物，希望能使我的身体状况有所改善。

经过一段时间的饮食调理，我的体重恢复了，再加上我最近加强了体育锻炼，感觉比以前更加结实了，精神也好了很多，学习效率也有所提高。看来均衡膳食，全面补充营养还是非常有必要的。

爸爸对儿子说的悄悄话

儿子，你现在的学习任务很重，所以需要大量用脑，这会消耗

大量的热量与营养，所以，及时地补充营养十分重要。只有营养跟得上，身体才能越来越强壮。

要知道，脑组织的代谢是非常活跃的，需要大量营养素的供给，以便让大脑保持良好的记忆功能和思维功能。大脑的能量主要靠血液里的葡萄糖和氧来供给，一般正常人每100毫升血液内葡萄糖的含量为80毫克～120毫克。如果低于80毫克，大脑的兴奋性就会有所下降，具体表现为注意力不集中、反应迟钝、分析理解能力下降，有时还会出现头晕、心慌、出虚汗等现象。而血糖的主要来源则是食物中的碳水化合物，也就是人们常说的主食，所以，人应吃一些主食。平时还可以多吃一些水果，如葡萄、草莓等。

补充营养不一定要大鱼大肉，口味清淡一点儿也很好，尽可能不要用油炸、烘烤等方式烹调，因为那样容易上火、消化不良等。在食材的选择方面，应多元且均衡，要注意蛋白质、碳水化合物、脂肪等总热量的摄取及比例，可在适量增加优质蛋白质的前提下，进行饮食调养。

优质蛋白质可以从鸡蛋、牛奶、酸奶、肉松、豆浆或其他豆制品中获得。通常牛奶、瘦肉、动物肝脏、大豆除了提供优质蛋白质以外，还可以提供卵磷脂和胆碱。另外，配合一些蔬菜水果，不仅可以增加食欲，还能补充一些维生素及矿物质，减轻大脑的疲劳感。

早餐的营养对学习效率有着很大的影响，因此，早餐的热量要适当，蛋白质和碳水化合物都要摄入一些。最好在起床后半小时食用早餐。需要说明的是，牛奶是较理想的早餐饮品，它在提供水分的同时，还能补充部分营养素，可谓一举两得。

作息时间要规律，不要熬夜

我最近的模拟考试成绩都不是很理想，现在每天都觉得时间不够用，有多门功课要复习，有时候还要做强化训练，还要整理平时大考小考后的错题。我每天两点一线，疲于奔命，但最后的效果却不是很理想。

为了提高自己在班里的名次，我付出了更多的努力。趁着晚上夜深人静的时候，我拼命往脑袋里塞东西，直到凌晨两三点才睡觉。不过到了第二天往往头昏脑涨，而且哈欠连连，精神不佳。因为听课效率下降，所以做起练习来比较困难，如此恶性循环，我的精神状态越来越差。班主任在了解了我的情况后，找我谈话，并指导我将作息时间调整过来，尽可能少熬夜，多休息。我觉得老师说得很有道理，决定尝试按

照规律的作息时间来学习与休息。果然，几个星期以后，我的精神状态慢慢好转，学习成绩也有了提高。

爸爸对儿子说的悄悄话

儿子，熬夜伤身是众所周知的事情。夜间是肝脏休息的时间，如果你连续熬夜就会使肝功能受到影响，也会导致免疫力下降。为了身体健康着想，要尽量少熬夜。除了对身体的不良影响以外，熬夜还会让人白天头昏脑涨、精神萎靡、注意力不集中、记忆力变差等。特别是对处于青春期发育阶段的学生来说，长时间熬夜会影响学习效率，睡眠不足还容易导致情绪低落，出现紧张、焦虑、易怒、不耐烦等情绪，也会使人的抗压能力下降等。

处于青春期阶段的学生，每天应保证充足的睡眠时间。经常熬夜会使人体的生理功能受到影响，生物钟也会发生紊乱。充足的睡眠不仅能够消除疲劳，还能够提高人体的免疫力。所以，培养自己的良好睡眠习惯是非常重要的。

身高不仅与遗传、营养等因素有关，而且与生长激素也有很密切的关系，生长激素主要是在夜间10点至凌晨1点分泌。也就是说，如果长期延迟睡眠，那么必然会影响到生长激素的正常分泌，这样对身体发育，特别是身高的增长，极为不利。

总之，熬夜有很多危害，不论在寒暑假或者平时，我们都应该保持早睡、规律睡眠的习惯，所以你一定要改掉熬夜的不良习惯，放松心态，减轻压力。只有精力充沛，才能为取得好成绩打下基础。

多运动，让你永远活力四射

每个人所喜欢的运动项目可能会有差异，有的人喜欢打棒球，有的人喜欢踢足球，有的人喜欢游泳，而我则比较喜欢打篮球。喜欢篮球的朋友应该都知道“美职篮”，“美职篮”是美国第一大职业篮球赛事，它代表了世界篮球的最高水平。

这学期不知道是什么原因，班上兴起了一股篮球热潮。不光是男生，连女生也都参与进来。我在班上的篮球技术还不错，出于对体育运动的热爱，我组建了一支篮球队，取名为“霹雳火”，班上支持我们球队的人也越来越多。

只要一说到上体育课，我就浑身都是劲儿。体育课一到，我就会立马冲下楼，和队员们一起到操场集合。每次老师一说解散，我们便开始打篮球。在我每次漂亮的进球后，旁边都会响起热烈的掌声。运动真的

很有好处，因为运动让我很少生病，而且每次我挥汗如雨的时候都会感觉浑身畅快、活力四射。

爸爸对儿子说的悄悄话

生命在于运动，科学合理的体育运动对人的身体健康大有好处，对于青春期的学生来说，更是如此。多活动、多出汗，每天参加1小时的体育活动，不仅可以促进血液循环，增强体质，促进新陈代谢，还可以提高大脑的反应能力。要知道，大脑活动的基本过程是兴奋和抑制交替。在体育活动中，与肌肉运动有关的脑细胞处于兴奋状态，使大脑皮层管理思维的部分得到休息，这样非常有利于缓解大脑的疲劳。与此同时，活动还能够使脑细胞得到更多的氧气和营养物质的供应，大脑也会变得更加灵活，学习效率也会相应得到提高。

要想保持旺盛的体力和精力，就必须坚持参加体育锻炼。

不过，从事任何形式的体育锻炼都要注意安全。如果体育锻炼安排得不合理，违背了科学规律，就极有可能对身体造成损害。为了保证体育锻炼的安全，每一位锻炼者应该做到在锻炼前做好充分的准备活动，使得各器官都进入活动状态，再进行一些较剧烈的运动。还有一点需要注意的是，体育锻炼的过程中要全身心投入，不能漫不经心，随意开玩笑，因为有时稍不注意，就有可能会出现运动损伤等状况。

第四章

性的困惑：在性面前不迷茫

处于青春期的男生精力充沛、思想活跃，开始对异性产生爱慕之情。但他们往往容易感情冲动，心理上也十分脆弱，加上情绪不稳定，考虑问题较为简单，所以有时会做出一些错误的决定，而很少会顾及后果。这一时期，他们会遇到一些与性有关的疑问，只要适时接受青春期性教育，就可以让他们尽快走出性困惑，顺利度过青春期。

通过正确的途径了解性知识

周末在家上网的时候，我无意间进入了一个色情网站，本来打算立刻就关闭网站的，但网站上各种各样的美女图片和情色场面深深吸引了我，我竟然鬼使神差地锁上房门，开始点击观看。由于担心声音太大惊动父母，我只好戴上耳机看，当看到一些刺激的镜头时，我禁不住心跳加速，脸红耳热起来。

看到一半时，我竟然有了生理反应，这个现象让我羞愧难当，为了使自己平静下来，我关上了电脑。之后的几小时我都克制自己不去想那些乱七八糟的事，专心做作业。还好吃晚饭的时候爸爸妈妈没有看出我的异样，不然真是太丢脸了。

晚上睡觉时，我忍不住又想起白天看的色情内容，里面有很多的性知识我以前从没有接触过，课堂上也讲解得很概括，家里人更是很少和我提起，这让我感觉很新鲜和刺激。从理智上说，我不想沉迷进去，应该把精力都放在学业上。虽然我反复告诫自己，但还是想再去看一遍，我该怎么办呢？

爸爸对儿子说的悄悄话

儿子，对不起，是我没有尽到教育责任。不过你别担心，你的这种经历，很多人都有过。要知道，当你进入青春期后，由于生理上的迅速发育，对性知识会产生好奇心，这些都是正常的心理反应。但是去色情网站获取性知识，这种做法显然是不可取的。一是因为目前你的认知能力和判断能力还未发展完善，很容易被错误的信息所误导，并因此而产生一定的心理压力。二是因为你的自我控制能力还不完善，一旦对性刺激的快感体验上瘾，就会陷入其中，使自己的心里充满矛盾和痛苦。

要知道，色情网站上的性知识并不是科学的性知识，它带有一定的夸张和扭曲成分，而且这些虚假不实的描述容易误导那些对性知识一知半解的青春期少男少女。当然，看色情网站的原因有很多方面，可能是为了寻求性刺激、发泄学习压力或排解空虚等，有很多人释放了冲动后又会后悔，有的人甚至还会因为自己的行为而自责。经常通过色情网站寻找刺激或宣泄可能会导致青少年自慰过度，从而影响自己今后的生理健康和心理健康。

一般来说，孩子进入青春期以后，就会产生性的萌动，也会对性知识产生强烈的好奇。对于性，你首先应该端正自己的态度，要学会正视它，面对它，接纳它，而不是抱着好奇的心理让自己沉迷进去，这样做对你的心理发育不利。所以，当你在性方面产生困惑时，你应该找一些合理的渠道，例如找一个信任的长辈询问，或者从相关图书中得到答案，以免造成性心理的扭曲，影响今后的人生。

青春期是人成长的重要时期，在这个时期，人的心理要完成从幼年到成年的巨大转变。其间，你一定要有所警觉，有所克制，对性的困惑要谨慎对待，千万不可以误入歧途，做出一些让自己后悔的事情来。

青春期男孩如何面对性幻想

今天是我的生日，早上我把自己打扮得帅帅的就直接骑车去了学校。到了班上，同学们都纷纷跑过来祝福我，有的女生还细心地准备了小礼物，真是让我惊喜和感动。课间休息的时候，小武从抽屉里拿出一本杂志，说是送给我的生日礼物。

当我打开这本杂志以后，发现里面是一些女性裸体图片，这些图片让我很紧张，也很兴奋。我马上将这本杂志卷了起来放进书包里，接下来上课我都没办法集中注意力，脑袋里全是刚才那些图片。晚上和同学们一起吃完饭，庆祝完生日以后，我就迫不及待地回到家里，关上门好好看这本杂志，边看边幻想着和那些美女在一起的美好情景。晚上睡觉时又重新想了几遍，就连做梦都是拥抱、亲吻的画面。接下来连续好几天，我都精神恍惚，常常会不自觉地陷入性幻想中。我的思想怎么会变得这么肮脏，我该怎么办啊？

爸爸对儿子说的悄悄话

到了青春期，许多人只要看到有关两性内容的书或电视，就会产生莫名的冲动和兴奋；看到了漂亮的异性时，脑子里会情不自禁地想入非非。于是，有的人会认为自己变坏了，思想不纯洁了，为此还感到特别懊悔和自责。

其实，出现以上状况都是正常的，这也是人们在发育过程中较为普遍的性生理和性心理现象。到了青春期，随着少男少女的生理发育逐渐成熟，性意识由不自觉发展到自觉，同时也会对与性有关的东西产生好奇心而想一探究竟，有时还会产生性冲动，这些都是青春期发育的正常现象。

因为青春期是青少年学习知识的黄金时期，所以应该懂得去克制过度的性幻想。当然，你也不要太把性幻想当回事，不必为此而自责。在平时，你可以把自己的精力集中到学习和其他丰富多彩的活动上去；千万不要接触黄色书刊和音像制品，因为那些东西对青少年的成长是十分不利的。

自慰究竟有利还是有害

其实，我自慰（手淫）已经有两年了。从我自身感受来说，它可以促使我心理平衡，解除一些不必要的烦躁，我认为这对心理健康还是很有帮助的。至于负面影响，当然也会有一些，每次做完以后都会有头晕眼花、腰酸乏力等症状。但是一星期内如果我不自慰几次，就会感到浑身难受。我感到很自责，可仍然无济于事，为了更有效地学习，更加安心地坐下来认真读书，我每隔两三天便会做一次这种“不雅”的事。我也知道这样做很不对，但每次都忍不住会有这方面的冲动，而我又往往控制不住自己。

造成我自慰的原因还得从两年前说起。有一次，我在网站上无意中看到了一些黄色图片和视频。看见裸体的美女，我就忍不住会有反应，当我下意识地摸了自己的“小弟弟”后，竟然有说不出的快感，这也让我越发地控制不住自己，改掉这个毛病对我来说太难了。我也不知道自慰究竟是有利还是有害，我很迷惑，也很茫然，我不敢告诉爸爸妈妈，怕他们为我担心；我也不好意思请教老师，怕遭到批评和指责；告诉朋友也担心会被他们嘲笑，所以我只能埋在心里。

爸爸对儿子说的悄悄话

儿子，作为一个青春期男孩，你首先要对自慰有正确的认识：适度、偶尔、有节制的手淫对身体无害，在一定程度上也有助于解除性紧张，缓解心理压力，这可以视为正常的生理心理现象；但长期的、频繁的、无节制的手淫就会损伤身体，从而影响到自己的学习和生活。有很多人不明白这个道理，以至于过度追求自慰快感，导致后来出现性功能障碍，严重影响正常的生活。如果只是贪图一时的快感而不有所节制，那么只会给今后的生活带来负面影响。

人们在自慰时常常会处于性幻想之中，从而提高性刺激，以得到一时的快感。如果长时间这么做，有可能会引起阳痿等性功能障碍，还有的人甚至会产生性心理扭曲，以致走上犯罪的道路。对于正处在青春期的你们来说，心理发育还不成熟，对事物还缺乏独立的判断能力，而外界错误的引导可能会使你们形成错误的认识，进而做出错误的行为而不自知，这是最让人担心的。据调查发现，那些长期手淫的青少年大多数面黄肌瘦、体弱多病，上课时也会出现无精打采、头昏耳鸣、注意力不集中的现象，夜间还常常伴有失眠的情况。这些青春期的孩子为了一时的快感，影响了学业，浪费了大好时光，实在很可惜。有很多人明知手淫的危害，却无法克制，以致产生内疚感、负罪感，引起恶性循环。当然，需要肯定的是，适度自慰并不是一件丢人的事情，不必为此感到内疚。但同时也要知道自己肩上所承担的责任，应该把时间用在更重要的事情上。

具体而言，青春期的少男少女应该做到：树立正确的人生观和恋爱观；不要经常考虑与性有关的问题，更不要阅读色情书刊；平时要多开展一些有意义的文体活动，形成有规律的生活，尽可能用坚定的毅力与意志分散对性的注意力。当你无法控制自己的性幻想时，应该及时变换环境或找人聊天，立即转移自己的注意力。平时要广交朋友，把主要精力用在学习和工作上，生活中也要尽量避免穿紧身衣裤，以减少对性器官的局部刺激。

如何克制自己的性冲动

为了减轻压力，班上同学约好这个周末一起去游泳。这是我第一次和女生一起游泳，班上大部分的女生都参加了，穿着各式各样的游泳衣，紧身的衣服下包裹着她们渐渐发育起来的凹凸有致的身体，显得那么美丽。尤其是小雪，所有女生中她的身材最完美，我傻愣愣地看着她，身体突然有种异样的感觉，我生怕被同学看出来，赶紧跳到游泳池里，可是脑海中却怎么也抹不去她的身影，我甚至还不停地幻想着我和

她在一起……那种感觉越来越强烈，我把自己憋在水里不肯出来，同学们都以为我溺水了，赶紧把我拉上来，关切地问我怎么了，小雪也在其中，我一看见她，赶紧又想跳进水里，但是被大家拦住了。还好，阿力看出了我的尴尬，他说他来照顾我，让大家都去玩耍，顺利地让我摆脱了难堪的局面。

几天后，小雪打电话让我去她家帮她讲几道题。其实，自从上次游泳后，我的脑海里经常出现她那天的样子。在她家时，我们很认真地做完作业后，我给她讲了一个笑话，看着她开心的笑容，我突然很想把她抱在怀里吻她，但我要忍住，我怕会伤害到她，最后连朋友都不能做了。我不断警告自己不能做出荒唐的事来，但我又忍不住内心的冲动，我该怎么办呢？

性欲是一种产生性要求的心理体验。性冲动则是由于性兴奋逐渐增加而准备将其付诸行动的一种心理体验。人有性欲和性冲动，这是正常的生理现象，也是和各种心理因素综合作用的结果，这种想法并不是下流可耻的事情。但是，人也是一种有理性的动物，不能让自己任意妄为。不论什么时候，人的欲望和冲动都要受到自身素养、理想、信念、舆论、社会规范、习俗、法律等诸多因素的制约与束缚。

青春期的男生女生之间，如果能保持自然、坦诚的交往，那么对异性的心理反应也会逐渐正常化。如果分隔过严，那么彼此对于性的问题就会显得愈发的神秘、紧张、渴望。要想克制自己的性冲动，那么平时就要避免看一些内容不健康的书刊和影视等，尽可能避开举止轻佻、行为不端的异性挑逗。许多在性问题上犯错误的人就是因为自己经不住性挑逗而去放纵，最终才会导致自己走上犯罪的道路。其实，年轻人的性冲动并不一定非用性行为来解决，也可以通过适当的方法进行释放，只要能够合理控制就可以。例如，紧张的生活节奏能降低自己对性问题的注意力，而一些适度的体能锻炼也能使自己的性能量得到转移并成功宣泄等。

人与动物在性方面的明显差异是人的性欲可以通过意识和意念来控制，但动物却做不到。人也可以通过特定的替代形式来满足性冲动。例如，通过幻想与某一异性相会来满足自己的性冲动，也可以通过谈论异性来宣泄一部分性能量等，这些在一定程度上都可以缓解人的紧张心理。但是，使用这些方法要适度，不可以进行太过分的幻想，否则会给自己的身心健康带来不利影响。

在与异性交往的过程中，有时也要学会拒绝他人。如果不把握好这个度，那么就可能会发生越轨行为。学会拒绝他人，对于青春期的孩子来说尤为重要，它能防止炽热的感情失控越轨，从而保证彼此的友谊健康地向前发展。儿子，你一定要记住，如果你将来爱一个人，就要学会尊重她、保护她，不要让她受到伤害。

别让“黄毒”污染你的眼睛

一天放学回家，我在路上被一名中年妇女拦了下来，她很神秘地拿出几张光碟，说便宜卖给我。我看到光碟上都是一些不堪入目的黄色图片，当时心里其实很排斥，可是眼睛却一直不由自主地往那儿瞟，好在最后我控制住了自己，没有购买。

同样的事情也发生在好友沈雄的身上，不过不同的是他没能控制住自己，忍不住买了几张光碟。几天以后，当我逐渐淡忘了这件事情的时候，却被沈雄拉到他家，他说要让我见识一下好东西。我见他熟练地锁上门，打开DVD，放入光碟，调低音量，我当时还以为是什么恐怖片。但画面显现出来的却是一些淫秽不堪的内容，看着沈雄兴奋的面孔，我也受到了感染。

后来由于学业繁忙，我就把这件事放到了脑后，而沈雄却慢慢沦陷进去，后来到了无法自控的地步。他告诉我说，现在他每天放学回家睡觉前的最后一件事就是偷偷地打开电脑看毛片，然后边看片边自慰……

看着沈雄的精神越来越萎靡，学习越来越差，我劝他控制一下自己，但此时他已经听不进去了。不久以后，他的父母终于察觉到沈雄的问题，开始控制他的行为。可是没过多久，沈雄又恢复了常态，几天不看那些刺激的画面他就难受。为了远离“黄毒”，恢复健康，沈雄的父母决定让他接受心理治疗，以便重新过上正常的生活。

爸爸对儿子说的悄悄话

现在的青少年大多处于各种信息的包围之中，加上他们的心智尚未成熟，缺乏自制力，辨别能力不足，因此很容易受到外界的诱惑而接触甚至迷恋那些色情、暴力的东西。而一些唯利是图的不法商家也趁机打起了主意，利用各种手段吸引学生去接触那些充满黄色和暴力内容的书籍、音像制品与网站。学生一旦沉迷进去，就容易荒废学业，严重影响身心健康，甚至走上犯罪的道路。

每个人应该学会克制自己，既不能受“黄毒”的影响，也不能把这样的东西传播出去危害他人。青春期是一个美好的时期，父母希望你们能够在青春期身心健康地成长。

要想远离“黄毒”的影响，首先，要清楚你们现在的责任。目前最重要的是把自己宝贵的时间用在学习上，接受知识才是你们现在的主要责任。同时也要认识到“黄毒”的危害，坚决抵制“黄毒”的干扰。

其次，平时可以多参加一些集体活动，多与现实生活中的人交流，尽量避免独处。也可以找自己最信任的人，把自己沉迷于“黄毒”的真相告诉他，然后请他对你加以监督。

最后，还可以制订一些比较详细的生活计划，让自己每天变得忙碌起来。尽可能安排一些有意义、自己有兴趣参与的活动，严格按计划执行。这样自己的内心会更充实，抵制“黄毒”的能力也会更强。

一些与避孕相关的知识

我们班的顾小杰是一个又高又帅的男生。大家都说他是一个招人喜欢的小伙子，风度翩翩、才貌双全。他在学校社团刊物上发表过多篇文章，经常受到老师的表扬与肯定，也有不少女生给他写情书，但基本没有合他心意的。直到有一天，班上转来一个叫雅琦的女孩，小杰才告诉我说自己有了心动的感觉。雅琦长得很漂亮，性格内向，比较文静，经过打听小杰知道她比自己小1岁。她来后不久班上就有许多男生围着她转了，但都被她委婉地拒绝了。

不得不承认，小杰很关注她，并经常策划有意无意和她偶遇，还会花心思让她笑。在小杰穷追猛打的强烈攻势下，雅琦也逐渐接受了小杰，于是他们开始谈起了恋爱。后来小杰说他们有了亲吻与拥抱，而且

双方都很享受这份甜蜜。我曾告诫小杰不要做越轨的事，但并没有起到什么作用。在一次浪漫的气氛下，他们还是做出了这个年龄不该做的事。小杰尝到甜头后，也越来越控制不住自己的性冲动。由于不懂得选择和正确使用避孕药与避孕工具，不久以后，雅琦怀孕了。这下小杰和雅琦都傻眼了，不知道该怎么处理，毕竟他们都还是孩子。

爸爸对儿子说的悄悄话

儿子，爸爸首先要叮嘱你的是，青少年时期一定要防止和女孩发生性关系。因为这个时候，你们的心理、生理、社会经验、经济条件等都还不成熟，根本无法承担发生性关系的后果。少男少女一旦觉察到自己有性冲动的时候，要立刻转移自己的注意力，可以通过积极参加一些文体活动，如打球、听音乐、看书等，让自己的这种生理冲动得以转移和释放。

另外，如果发生性行为怎么办？那就需要懂得一些避孕方面的知识了。安全套是避孕的最好方法，安全套也叫避孕套，它是在性行为时由男性使用的。因为它容易掌握而且安全，正确使用的话，避孕效果能够达到90%以上，而且能够预防一些通过性传播的疾病。另一种避孕方法就是女性口服紧急避孕药，紧急避孕药是在性行为时没有采取避孕措施或者避孕失败后使用的，使用紧急避孕药只能作为一种补救措施。

儿子，你知道吗，真正的幸福是建立在稳定的生活和专一的爱情基础上的。你还处于青春期，年纪还小，并不适合学成年人那样谈恋爱。过早谈恋爱对于你是有害无益的，所以你要懂得一些基本的性知识，学会保护自己和他人，拒绝不良的诱惑。遇到问题后不能慌了手脚，要学会冷静理智地对待，希望你能平安、快乐地度过青春期。

第五章

青春萌动：处理好和女孩的那些事

进入青春期以后男生对异性产生好感，这是一种正常的心理反应。虽然与异性正常交往有利于身心成长，应得到理解和支持，但男生应当有自控力，要掌握好与异性交往的“度”，不要因为一时冲动而做出令自己后悔的事情。在这个阶段，最好能以客观的态度对待青春期性心理、性生理的变化，掌握科学的性知识，不要沉溺于对异性的迷恋之中。

为什么一和女孩说话就紧张

最近一段时间，我感觉很苦恼，因为我发现自己有一个毛病——总是不敢看女孩的眼睛，跟女孩说话的时候也很紧张，有时甚至在面对异性时紧张到忘记自己该说什么的程度。其实，我不是那种特别内向的人，以前也没有出现过这样的情况，但现在一跟女孩说话就紧张，我到底应该怎么办呢？

我现在放学都会故意避开女生走，如果不小心碰到同班的女生，也会找理由跑开。有时明明和某个女生同路，我却没有勇气上前和她一起走，而是宁愿走相反的方向，绕一大圈后才回家。我的胆子怎么会变得这么小？我自己也想不通。

有一次，我和妈妈一起上街，在路上刚好遇到同班的女生和我打招呼，我看到她们后脸一下子红到耳根，随便应付了几句马上就走开了。妈妈看见我尴尬的样子后并没有说什么。回家后，妈妈把这件事告诉了爸爸。到了晚上，爸爸和我进行了一次长谈，帮助我解除心里的疑惑。

爸爸对儿子说的悄悄话

青春期异性交往是校园中大家都比较感兴趣的一个话题，当然也是一个较为敏感的话题。每个青春期的少男少女都有可能对异性交往产生这样那样的困惑，这是很正常的。随着年龄的增长，人越来越成熟了，那些对异性的好奇与羞怯感就会逐渐消失，所以你不需要特别在意，相信到那时你与异性交往便会成为一件自然而然的事了。

人到了青春期，开始对异性产生好感，想引起异性的注意也是正常的，这是由青春期的心理和生理特点所决定的。很多人在对异性充满好奇的同时也常常会伴随着羞怯感，例如，有的同学不知道为什么自己见了喜欢的异性以后会不由自主有脸红、心跳的感觉；有的同学会对自己生理上的反应感到十分困惑或不好意思；有的同学不知道该怎么与异性交往，自己应把握什么样的度……其实，产生这些心理困惑是很正常的。

那么，我们应该如何克服这些心理呢？首先，你千万不要因为自己的短处而感到紧张，相反，你应该经常想想自己的长处，要深信自己并不比别人差。要主动培养自信心，相信只要自己努力去做，一定可以做得很好。其次，你可以扩大一下自己的交际圈，多参加一些集体活动，这对了解异性、掌握与异性交往的尺度等是有很大帮助和益处的。

其实，女生没有那么神秘，一旦你大方自然地与她们交往后，就会发现这其实没有你想得那么难。当你感到紧张时，可以使用自我暗示的方法来平复心情，比如你可以把女生当哥们儿一样看待。只要你努力在实践中克服紧张情绪，那么，在与女生交往时，你就会成为一个落落大方的人。

对老师产生好感，怎么办

因为数学老师生病要做手术，学校临时指定了一位新老师来代我们班的数学课，我原以为又是一位态度严肃的男老师，谁知道这回竟然是一位温柔的女老师。新来的老师很漂亮，也很随和，一来便向我们热情地介绍自己，才两天时间就已经和全班同学打成一片了。经过观察，我发现她脾气很好，很喜欢笑，笑起来的样子让人感觉很舒服，而且做事认真、细心，责任心又很强，的确是一位称职的老师。

中学生活本来就很枯燥，而且又有压力，这位老师的到来仿佛为这炎炎夏日带来了一丝凉爽。我原本就很喜欢数学课，现在因为有她，所以兴趣更加浓厚，除了在她的课上认真学习，及时完成她布置的各项任务之外，我还主动找机会与她接触，并且虚心请教问题。有几次，她还当众表扬了我的好学精神，这让我惊喜不已。

新老师有着一头乌黑的头发，每天随意地扎起，具有一种知性美，让人百看不厌。她的眉毛像两片细长的柳叶，她的眼睛是那么炯炯有神，言语之间也充满了女性的温柔。因为有她，我的数学成绩进步很大，成了第一名，而且第二名的分数与我相差不少。我现在每天都盼望着能早点儿上她的课，看到别的老师来上课就很烦。我是不是喜欢上老

师了？想到这里，连我自己都吓了一跳，难道这就是人们常说的师生恋吗？我该怎么办？

爸爸对儿子说的悄悄话

儿子，喜欢上一个老师的课，并喜欢和这个老师有更多的接触，并不一定就是喜欢上老师了，这点你一定要分清楚。每个人在接受教育的过程中都要与老师打交道。对于很多人来说，老师的言传身教有着非同一般的意义，对自己学业的进步以及世界观的形成也有着至关重要的作用。所以，对老师产生好感并不是一件可耻的事，只要你摆正心态，将其转化为学习的动力，那么你也会赢得老师更多的信任和好感。况且，每一位老师都希望自己能够得到学生的爱戴，换个角度讲，也正是因为老师具有这种吸引学生的魅力，才使得老师这个职业更加神圣。

对于青春期男生来说，对一个女老师有好感，就会努力保持自己在老师心中的良好形象，如果将这种动力运用到学习中，会对你的学习起到极大的激励作用，相信多年以后，你一定会对这位老师心存感激的。

儿子，青春期男生对老师有好感，这很常见，你不必太在意。相信过不了多久，这份感情就会慢慢消退。因为通常情况下你们的热情和关注焦点会随着时间的推移而有所变化，你只要能保持一颗平常心就可以了。

你喜欢在女孩面前表现自己吗

一年一度的迎新晚会马上就要开始了，正在后台做准备的我非常紧张，倒不是因为初次登台，而是我担心待会儿的表现无法让女生满意，那样就太丢脸了。本来依照我的个性是不会选择这种方式抛头露面的，但自从上次在走廊无意间听到女生谈论，说会弹吉他的男生才是最有魅力的，于是我就私下苦学吉他，并找了这样一个机会进行展示。

不知道为什么，最近一段时间，我非常留意女生的喜好，并很想在她们面前表现一下自己，以引起她们的注意。每天上学之前我都会在镜子前照一会儿，整理好仪表以后才出门，为的是给女生留下一个好印象。就连以前我不喜欢的值日，只要和女生分配到一组，我就格外卖力，而且尽可能一个人包揽全部任务，想借此得到女生的称赞；和男生一起值日时，我就没有那个闲情逸致了，三下五除二就敷衍过去，一有机会就偷懒，能少做点儿就少做点儿。为什么我会变成这个样子？真的

让人很苦恼。

爸爸对儿子说的悄悄话

儿子，青春期孩子的情感发展都是有规律的，一般情况下是由幼稚向成熟、由波动向稳定发展。现在你也处于这个过程中。当你发现自己突然爱整洁，关注自己的外表，也喜欢在女生面前表现得特别好时，说明你开始留意异性的举动，心里既想接近异性又有点儿害羞，有时就连上课时思想也会变得不集中，性格也发生了一定的转变，这就是朦胧情感的发展，代表着你内心正在出现一股暂时的情感冲动。当然，这是正常的行为和举动。只要你保持心态平衡，避免自己的情感无节制泛滥，就会逐渐走向成熟的阶段。

在校园中，你可以在女生面前表现自己，但要明确一点，与女生交往主要是为了建立正常的友谊。在与异性交往的过程中，也要与同性朋友有所区别，要注意分寸，要有节制和礼貌，既要表现得大方，又要态度诚恳，还应该注意环境和场合，避免造成旁人误解。

与异性交往时，千万不要套上成年人的恋爱模式。因为青春期的男生和女生都处于好奇的阶段，双方的接触大多是一种自然的、纯洁的情感流露，并不是真正意义上的恋爱，所以千万要区别对待，不要误认为自己陷入了恋爱当中。

要知道，个别交往与群体交往有很大的差异性。如果是个别交往，那么你的对象仅限于某一个人或一个小范围，这样你将会失去与大多数同学、朋友接触的机会。如果你想让自己的视野变得更加开阔，那么就应该多交朋友，平时也可以多进行一些社会活动。只有这样，你才能更加深刻地体会到人与人之间的纯洁友谊，促进与异性之间的合作，互相帮助、取长补短、共同进步。

对她有好感，这是爱吗

班上最近新转来一个女生，叫小美。她是一个漂亮的女孩，有着白皙而光滑的皮肤，性格很开朗，对人也很大方。班主任安排她坐在我前面，并嘱咐我们要友好相处。经过几天的磨合，我对她的印象还不错。她的数学成绩不是很好，经常会在下课的时候请教我问题，我也很乐意耐心地向她解答。有时候，她也会带些零食来感谢我。对于英语语法的问题，我偶尔也会请她帮忙讲解，因为英语是她的强项。就这样，我们

配合学习了几个月，双方的成绩都有了很大的进步。

有一天我去图书馆借书，无意间发现她也在那里，我悄悄地坐到她的旁边，准备恶作剧吓她一跳。后来她的反应超出我的预料，反而吓了我一跳。为了不影响其他读者，我拉她去了别的地方，我们谈得很开心，通过这次交谈，我觉得我们有很多共同的兴趣爱好。之后我们就经常约好一起去图书馆，有时也会在一起吃午饭，要不是同学取笑我们在谈恋爱，我都没有意识到这一点。虽然我对她有好感，但这真的是爱吗？我们之间是友情还是爱情呢？我自己都有点儿分不清了。

爸爸对儿子说的悄悄话

友谊指的是有着相同的兴趣、爱好或者是性格相似的人结成的一种彼此关心、相互帮助的友情。这也是在心理相容的基础上形成的人与人之间强烈而深沉的情绪依恋。友谊是不分国籍、不分男女的，而且它也没有范围和年龄的限制。友谊的最显著特点是不排斥他人，可以是个人与个人之间或者是与更多的人形成朋友关系。这种友谊可以是短时间内的，也可能是长久的。友谊结束时并不一定会给彼此造成心理伤害，因为友谊是多元化的，有了老朋友还可以结识新朋友。

而爱情则不同，爱情指的是两性之间在体貌上互相吸引，在精神上产生共鸣，在文化层次、教养水平、人生目标、价值观以及生活方式上都有相当的一致性，就连审美情趣和兴趣爱好等方面都有很高的共识。爱一个人实际上意味着在对方身上实现你本人在生活、理想以及性方面的追求，也就是说，爱情包括了精神上的追求、物质上的追求、心理上的追求以及性的内容。而且，爱情发展到一定程度，双方都会渴望通过婚姻的形式以求获得合法的肉体结合并承诺终生相守。

不可否认的是，在青春期男女同学的友谊之中，也很有可能会夹杂一些互相倾慕、依恋的成分。如果不及时处理，不用理智来约束自己，那么就很有可能会超越友谊的界限，一旦你们的举动超出朋友间的亲密程度时，那么就很难以“友谊”来解释了。

当男女生在交往的过程中出现以下情形时，那么就说明其已经超过了男女正常交往的界限，此时双方就应该有所警惕，以免在心智还不成熟的情况下，由于一时激情做出让自己后悔终生的事。

第一，男孩、女孩很快进入一对一地交往，整天形影不离，彼此形成情感依赖，希望时刻和对方在一起，因而积极主动地脱离了群体，从此不再与其他同学交往。

第二，双方一日不见，就有如隔三秋之感，两人的交往过于频繁，把大量课余时间花在一起散步、聊天等活动中，心思都在对方身上，从而无心学习或学习兴趣减少，导致成绩下降。

第三，双方交往带有隐秘性，总是想千方百计瞒着老师、父母及同学，常常向家长撒谎。

第四，看见对方与别的异性同学往来，就会出现心生不满和忌妒的感觉。

第五，两人单独在一起时，非常渴求互相亲昵，双方或一方主动做出进一步发展的暗示。

当然，如果你们没有出现这些情形，那么说明你们只是单纯的友谊，只要继续像同学一样交往，保持一份良好的心态就可以了。

早恋如潮水，如何控制自己

张蒙是我很要好的朋友，听说最近他恋爱了。好奇之下，我询问了他们交往的过程。原来他们班里有个女生一直都在找张蒙帮忙补习功课，经过相处，张蒙对那个女生也有了好感。后来，在那个女生的暗示下张蒙接受了她，两人开始恋爱了。但此后张蒙上课开始走神儿，成绩也停滞不前。放假的时候，张蒙没有约我一起打球，而是和那个女生一起出去玩儿，同时还让我帮忙应付他爸爸妈妈。但后来谎言还是被拆穿了，张蒙被带回了家，他的班主任也知道了这件事。

为了让张蒙安心读书，他的父母将家搬到了学校附近，并严格规定张蒙中午必须回家吃饭，到了傍晚催他回家的电话就响个不停，直到他到家为止。刚开始，张蒙和我说自己非常抵触这种做法，情绪也非常不稳定，在家里整天和父母大吵大闹。可张蒙妈妈的态度非常坚决，不允许他现在恋爱，要以学业为主。无奈之下，张蒙只得妥协，每天吃完饭

以后就钻进自己房间。张蒙的父母以为张蒙想通了，便放松了警惕。实际上，张蒙是在房间里悄悄给女朋友打电话。然而，这样短暂的甜蜜在一天晚上被他妈妈起床上厕所的时候发现了，她听到了张蒙在房间里的对话，立刻推门而入，没收了他手机的同时，还把他臭骂了一顿。

之后，鉴于学校和家里的双重压力，那个女生也和张蒙提出了分手。在失恋的这段日子里，张蒙很伤心，也无心学习，整天看着那个女生的照片发呆，回忆曾经在一起的快乐时光。

爸爸对儿子说的悄悄话

儿子，每个人到了一定的年龄后都会恋爱。处在青春期的你们拥有一颗热情、年轻的心，对异性产生好感，这都是正常的。但是，你们现在还不成熟，还需要很长时间的历练。

早恋是甜蜜的，也是痛苦的。在刚开始的时候，双方的感情发展得比较快，心里充满喜悦，但后来一旦下决心结束时，心里会非常难受。尤其是想到对方对自己的关爱时，更加犹豫不决，怕伤害对方的感情……对此，你应该进行理智的分析，因为任何事物的对与错、是与非都是有其客观标准的，处于青春期的你要在明辨是非的基础上，学会控制自己的感情，勇于修正自己的错误。结束早恋也许会伤害对方的感情，不被对方所理解，但从长远来看，对自己、对他人都会有好处，最终还是会被对方理解的。

在校园中，早恋最直接的危害是干扰学习。一般来说，男生对异性的行为比较敏感，思维也比较活跃，如果自我约束力比较差，就容易陷入其中，难以自拔。

正确的做法是学会把眼光放长远一些，用自己的理智来战胜冲动，在学生年代要明确自己的目标，把更多的注意力放在学习上，放在培养自己的综合能力和素质上，放在各种集体活动和更广泛的社会交往上。等到自己成为一个成年人了，有能力和责任处理个人问题时，就可以开始谈恋爱，为今后的择偶、婚姻做好准备。

暗恋，青春期里一朵孤独的花

从迎新晚会的那天开始，我就注意到一个女孩了，她长得眉清目秀，也很文静，但我当时只敢在弹吉他的时候偷偷地看她。就这样，我想认识她的心开始蠢蠢欲动，难道这就是所谓的一见钟情吗？

从那个时候开始，我脑海里每天都有她的影子。我很快就查到了她的具体情况。她是低我一届的学妹，各科成绩都很好，经常考班里的第

一名。不过她平时很少和班上的人来往，多数时间都是一个人在教室里静静地看书，除了周一到周五在学校偶尔能看到她以外，其他时间不知道她在干什么。后来我从他们班上另一个女生那里知道她每个周末都在图书馆。从那以后，我周末都会去图书馆，为的是能见到她。她就静静地坐在那儿，我就在不远的地方注视着她，她安静下来的样子很迷人。这样的日子持续了一个多月。

等到临近考试的时候我才猛然发觉，如果我再这样一厢情愿下去，肯定会影响我的学习，还是应该珍惜时间，为自己的未来多做准备。

爸爸对儿子说的悄悄话

当男生进入异性好感期，心中有了特别喜爱的女生，就会体验到从未有过的复杂情感，当自己把这些情感封闭起来时，就等于悄悄转化成了暗恋。对异性的向往也会演变成独自沉思、内心自白、默默地爱，或用写日记的方式来倾诉思念之情，而极少在异性面前表露心迹。

虽然这种闭锁心理不会直接影响到他人，却会让自己感到十分彷徨与纠结，因为更多的人其实希望以情感吸引和实际接触的形式来表达对异性的向往与爱慕。通常，青春期少男少女表达内心情感的常用方法有通信、约会，或者是利用学习和课余活动的机会直接与对方交流情感，但有时，他们也会对异性产生强烈的亲近感和好奇心，以过分的感情体验来代替一些理智的反应，言行举止也会受情绪影响而表现冲动。就好像有的人会一见钟情，被异性的容颜身姿所吸引，陷入情感深渊而不能自拔。而有的人还会出现爱情错觉，把对方亲昵的言谈举止一厢情愿地理解为爱情来临。对待这种冲动的情感，有的人常常来得快去得也快，激情过后也就烟消云散了；而有的人则会陷入无谓的痛苦之中，以致影响到自己的学习和生活。所以，暗恋也会给人带来不同程度的影响，这一点需要牢牢记住。

对于暗恋，如果你试着抽身而出，旁观一下，也许就会突然发现自己的感情似乎有些不成熟，甚至有些一厢情愿。其实，真正的恋爱是要具备很多条件的，除了对异性自然因素的爱慕，如外貌、体态、气质等，还有对其社会因素的考虑，如理想、志向、兴趣爱好等。要学会让自己保持理智，学着控制自己的情感，你可以冷静地问问自己究竟喜欢对方什么，是自然的感情流露，还是一时冲动。在寻找根源的过程中，千万别着急，把自己的感情沉淀下来，等到将来学业有成之时，再谈恋爱会更美好。

当你处在暗恋中时，你可以让自己的生活更加充实，多和家人、同学、朋友交往，平时也可以多参加一些集体活动和各种文体活动，多关注知识的获取和学习的进步，给自己制订短期或长期的目标并努力去实现它。这样，你就不会有很多空闲时间去想感情的事，一段时间后，内心就会慢慢释然，并且会明白什么才是最适合自己的。

擦去伤心泪，别因失恋哭泣

阿力开始住校了，为的是努力学习，希望中考的时候能考个好学校。他制订了详细的学习计划，希望这段时间成绩能够突飞猛进。可是，意想不到的事情发生了。阿力忽然收到一个名叫小敏的女孩写来的情书，这让他很惊讶。

面对小敏的告白，阿力显得有些不知所措，但经过接触以后，阿力被这个既可爱又执着的女孩打动了，因为小敏每天都会在回男生宿舍必经的路口徘徊，为的是能见上阿力一面。有一天下着大雨，小敏打着伞，浑身冻得直哆嗦，她看见阿力晚自习下课后就一蹦一跳地说自己已经等两个多小时了。看着她那双水汪汪的大眼睛，阿力忽然很感动。阿力拉着小敏的手送她到女生宿舍楼下，两人的心里觉得很温暖，从那以后，他们俩开始交往了。

有一次，阿力和小敏周末约好一起逛公园，两人都很兴奋和开心，谁知半路上遇到几个找碴儿的，其中一个高中生模样的人挑衅地碰了小敏一下。阿力气坏了，于是就冲上去和他们厮打了起来。结果，阿力身上被踢了无数脚，虽然他受了伤，却不敢告诉家人和老师。后来，老师慢慢发现了阿力和小敏的秘密，并私下分别找他们谈

了话。由于两人不听劝告，老师只好把这件事告诉了他们的父母。没过多久，小敏便被父母安排转学了。之后阿力收到了小敏的来信，两人便开始了长距离的恋爱。

然而，由于频繁的交往，导致阿力的学习成绩一落千丈，这对于临近中考的他来说很痛苦。有一次，小敏妈妈在收拾抽屉时发现了阿力写给小敏的信，知道两人还在联系。为了彻底拆散他们，小敏家搬走了。知道这个消息后，阿力伤心欲绝，更加无心学习了。

爸爸对儿子说的悄悄话

儿子，爱情之路并非一帆风顺，很多人会经历失恋。况且青春期的恋爱以失败告终是很正常的事情，因为这个时期，你们还是一个孩子，心理、身体等都还没有发育成熟，还不到谈恋爱的时候，所以，失恋对你们来说并不一定是坏事。要知道，通过处理失恋问题，可以让你学习到如何独立处理自己的感情，学习管理自己的情绪，让自己的心智变得更加成熟。

青春期在与异性相处时，因为有了恋情，再加上此时心智尚不成熟，往往不能很好地控制自己的情绪，失恋后，有的人很难摆脱负面情绪，甚至对其今后的情感生活造成严重影响。所以，为了将来能够更加幸福地生活，青春期的少男少女必须认清自己目前的责任和目标，只有具备了一定的条件，将来才能有资格、有能力带给别人幸福。

失恋后，每个人都会有一段时间的低迷期，毕竟重新振作也不是那么容易的事情，此时阿力不能过于心急，对于学业，也要慢慢来，一边调整好自己的心态，一边让自己迎接新的生活。如果有什么想不通的，或者是犹豫不决的事情，他可以找一个信得过的成年人进行咨询，相信在长辈的指导下，他会很快地恢复过来。既然是为情所困，那么最有效的方法就是把压抑的情绪宣泄出来，他可以选择一处安静的地方好好进行思考；也可以去参加体育锻炼，让自己在汗水中释放不良情绪；还可以寻求好友的心理支持，相信在倾听、理解、同情、安慰的同时，他也会感觉轻松不少。愿他快速地从失恋的阴影中走出来，迎接更美好的明天。

怎样和异性正确交往

耀文不知不觉地喜欢上了我们班的一个女生，虽然她是我的同学，但是我们之间不熟，只是见面互相打招呼而已。耀文不知道怎么才能接

近她，于是让我来帮助他。耀文在学校是典型的书呆子，给人一种“两耳不闻窗外事，一心只读圣贤书”的感觉。不知道是为什么，喜欢上这个女生之后，耀文的想法发生了变化，经常让我们为他出谋划策。

经过我和张蒙多方面的思量和计划，我们给出的建议是让耀文用最传统的方式来表达——写情书。耀文也觉得那样很适合自己，于是翻阅典籍，上网查询，还特地买了几本言情小说作为参考，几经酝酿，终于完成了一篇十几页的“大作”，他心情非常激动。然后我在课间将耀文的情书放进了那个女生的抽屉里。等待是甜蜜的，也是煎熬的，但结果却是苦涩的。这件事发生之后，那个女生见到耀文就躲，难道耀文就那么差吗？

爸爸对儿子说的悄悄话

儿子，进入青春期以后，每个人都需要与异性交往，这也是人际关系中一门必修的课程。男生需要在这些异性交往中了解异性的特点，只有了解了这些特点，你们才能更好地接纳异性，才能学会自如地与异性相处。

在与异性交往的过程中，应该掌握哪些技巧呢？

首先，要端正态度，培养自己健康的交往意识，这样在交往时自然就会落落大方。

其次，要广泛交往，尽量避免个别接触，交往程度宜浅不宜深。广泛接触，这样有利于你们认识、了解更多的异性，对异性也会有一个基本的总体把握，并能学会如何辨别异性。如果你们只进行有限的小范围个别交往，那样难免会“只见树木，不见森林”，这样发展下去对异性的了解不但有限，还可能失之偏颇。所以，利用每一次集体活动的机会，你们要有意识地在更广阔的人际范围内进行交往，这对你们全面认识异性是十分有利的。

再次，交往要把握一定的尺度，要善于把握两人交往的心理距离，杜绝让彼此过于亲密和引起情绪波动的接触。如果你们在交往中发现自己或对方的苗头不对，那么就要及时调整自己的态度，不要造成误会，尽可能使交往处于正常的状态，这样发展下去更有利于你们的成长。

最后，在与异性交往的过程中，你们最好能带着一颗坦荡的心，这样不但有利于维持长久的友谊，也能够让自己形成良好的品质。

处于青春期的你们，自己的人生坐标还未确定，与异性交往到什么程度，需要把握好。因为你们还没有成年，最好不要有性接触，否则会给对方带来伤害。等你们成年后，再去好好考虑，认真地选择生活伴侣。

第六章

快乐青春：告别青春期的心理问题

青春期是花一样的季节，在这一阶段，人的第二性征逐渐出现。此时，男生的情绪会变得有些敏感、易冲动，还有些叛逆，也会随之出现自卑、害羞、忌妒、抑郁、虚荣、焦虑、孤独等问题。只有妥善地处理好这些问题，多花时间去适应，才能告别烦恼，重获快乐。

火大易怒，这是怎么了

不知是由于学习任务加重了，还是青春期闹的，这段时间我与爸爸妈妈的距离越来越远了。我现在只要看到一点儿不顺心的事情，就会忍不住冲人发火。爸爸妈妈都说我的脾气越来越坏，情绪说变就变，让人感觉非常不适应。

我自己也不知道从什么时候开始变成这样，总之只要听见爸爸妈妈的唠叨，就会感觉烦躁不安，加上我的隐私总是被妈妈调查，这让我感到更加烦恼。

有一次，我生病躺在家里，妈妈特意做好我爱吃的饭菜端到房间里。我开始还有些感动，哪知道妈妈看到房间有点儿乱，随口说了句：

“病好后记得收拾一下自己的房间，书要整理好进行归类，地板要先扫再拖，乱七八糟的东西放在收纳箱里……”这一席话让我的情绪马上激动起来，我大发雷霆，冲妈妈说：“我不要你管我，你出去！”然后砰的一声关上门，独自躲在房间里摔东西，饭也不吃，感觉自己似乎受了天大的委屈。当我冷静下来后，也意识到了自己的错误，可是，每次遇到这样的情况我总是控制不住自己的情绪，说翻脸就翻脸，这是为什么呢？难道我的心理出问题了？

爸爸对儿子说的悄悄话

儿子，进入青春期后，许多孩子都会出现易怒等情绪，所以你不用太懊恼。现在我们一起来分析一下原因。男生进入青春期后，身体和思维都会发生变化，个子长高了，声音也变粗了，特别是独立意识和自我意识迅速发展，有一种自己已经长大了的错觉。但是你们目前还没有自立能力，想要脱离父母的管教但又不得不在物质上依赖父母，这就形成了心理上的矛盾和痛苦。一旦有问题出现，一方面自己找不到适当的解决方法，另一方面又认为自身的力量已经达到了可以掌控一切的地步，如果这个时候父母还用对待小孩子的教育方式来教育你们，你们就会感觉很“火大”，最终只能依靠发怒等方式来解决问题，是这样吗？

爸爸最近看了很多书，也意识到了这一点，和你妈妈沟通后，决定尽可能地理解你。只不过我们希望你以后产生抵触情绪时，能把对爸爸妈妈的不满直接说出来，这样有助于双方共同解决问题。

要知道，父母管你也是一种爱的表达方式，只是有时候这个方式不太恰当，希望你也能够多理解一下我们。很多时候，父母和子女吵架都是因为各自的角度和所站的立场不同，如果大家都学会换位思考，那么我相信问题就简单多了。

有时候，我们并不清楚你的想法，也不知道怎样才能满足你的需求。因为我们之间缺乏沟通，所以才不知道如何为你提供帮助与支持，我们并不想与你产生代沟，所以希望你能静下心来，找个机会和我们就某些问题深入地谈一谈，这样就可以最大限度地避免误会、矛盾的发生了。

如果你感觉爸爸妈妈有些唠叨，那么可以把自己该做的事情做到最好，不给我们啰嗦的机会，让我们觉得你长大了，不需要再为你操心了，你认为是这个道理吗？希望你也能找到自己的不足，尽可能地尝试改变，学会自我克制，使自己心平气和，顺利地度过青春期。

告别自卑

我的学习成绩一直以来都不错，总能保持在班里前五名。前两天，学校组织知识竞赛，每个班级必须挑选3名学生参赛，班主任根据综合能力反复比较，最终决定选我作为参赛选手之一，虽然这个机会很难得，但我却不愿意参加。我婉言谢绝了班主任的好意，但班主任仍希望我回家好好考虑考虑，周围几个好朋友也百思不得其解，都问我为什么要放弃这个比赛。爸爸妈妈得到消息后，也打算做做我的思想工作，可我还是没有勇气来承担这个责任。我担心如果比赛输了会给班级和父母丢脸。

我一直都觉得自己是一个普通的男生，相貌不出众，就连身高都矮人一截，站在人群当中，绝对是能让人忽略不计的那种人。

虽然我知道“天生我材必有用”的道理，但还是缺乏自信，我总觉得别人懂得比我多，如果让我在公众场合发言，我很怕出丑。所以在很多时候我都是默默地在角落里学习，不敢参与集体活动。

爸爸对儿子说的悄悄话

儿子，爸爸实在不愿意听到你说这样的丧气话，更不愿意看到你的生活被自卑的阴影所笼罩。要知道，在我心目中，你一直都是很优秀的，从小到大，爸爸妈妈都以你为荣。

生活中，每个人都不是十全十美的。面对自身的一些缺点，不要逃避，也不要将它们无限放大，要学会正视那些缺点和不足。

你最好能抽时间找一个安静的地方，在那里认真考虑一些问题。

你可以逐一列出自卑的原因，不必有任何掩饰和保留。当你认真思考后，选出最令你感到忧虑的问题。

然后，可以找一个你非常信赖的朋友，这个朋友应当是了解青春期孩子的需要和问题的成年人。我、妈妈、老师、辅导员等都可以成为合适的人选。找个合适的机会向这个人开诚布公地说出自己内心的感受，倾诉完毕后再请他提出自己的意见，同时帮助你改善目前的困境。爸爸相信，你将心中的忧虑倾诉出来会有如释重负的舒畅感，也能尽快地找到解决问题的有效方法和途径。

儿子，只要你肯敞开心扉，接受他人的帮助，一定能够逐渐克服自卑，变成一个自信的人。

忌妒，来自青春期的暗伤

一年一度的班干部选举活动在这个星期展开了，由于我成绩优异、人缘较好，而且具有一定的管理能力，所以，在最后一轮投票中我以两票的优势战胜了沈雄，当选班长。这让我感觉很过意不去，因为我们平时的关系非常好，我不想因为这件事情而影响我们之间的友谊。

评选结束后，我想过去安慰沈雄，但他意味深长地看了我一眼后，就默默地离开了。没过几天，我最担心的事情还是发生了。沈雄不再是我的同桌了，听老师说，沈雄主动要求调换座位，这让我感到很惊讶。我不想因为竞争失去朋友，如果可以选择，我宁愿不当这个班长，现在我该怎么办呢？沈雄越来越疏远我，课间我找他打球，他拒绝；晚上回家我给他打电话，他也不接，原本十分要好的两个人现在却形同陌路。我很伤心，也很气愤，一个男生为什么连这点儿度量都没有，一气之

下，我决定不搭理他了。

转眼间快考试了，所有的同学把精力都投入到紧张的复习当中，我也不例外。但在离考试还有一周的时候，我的笔记本却不翼而飞了，那可是我一直用来记重点的主要学习材料，现在却找不到了，我心乱如麻，这可怎么办呢？晚上回家以后，有个同学打电话给我，告诉我说他看见沈雄拿走了我的笔记本，由于当时是午休时间，教室里的人非常少，但是他无意间看到了那一幕，为了不让事态扩大，所以他没有说出来，现在告诉我是希望让我自己来处理这件事情。我听完后感觉有些发蒙，现在应该怎么处理这件事情呢？

儿子，忌妒之心是影响人身心健康的一颗毒瘤，你的朋友现在就遇到了这样的问题。当他看到你的能力和成绩超过自己时，心中愤愤不平，便产生了忌妒心理，如果他不能摆脱忌妒心理的困扰，那么最终只会害人害己。

在未来社会中，一个人要想立足并取得长远的发展，就应该具备组织能力、统筹能力和专业能力，在学生时代能够有机会锻炼这些能力是难能可贵的。当然在群体中表现出色自然会招来一些人的忌妒，但千万不能因此而放弃努力。

青春期的孩子存在忌妒心理是一个十分常见的现象。男子汉不要斤斤计较，更不要与同学针锋相对致使矛盾激化。在遇到这类问题时，你要明确自己的终极目标，并要坚定不移地走下去，千万不要动摇自己的决心，越是被人忌妒越能考验你的修养和能力。儿子，此时你更要用自己的实际行动向同学证明，选择你是正确的，你会全心全意为班级服务的。当班里出现一些问题的时候，你要勇于从自己身上找原因，要敢于替同学分担责任；而同学有了成绩要及时向老师汇报，不能妄自居功，要以此确立自己在同学中的威信。

你还应该理解并以友情淡化朋友之间的忌妒。沈雄看到你春风得意，感觉彼此间突然有了差距，于是自卑感、失落感随之产生。你也要将心比心，换个角度，设身处地替他想想，并鼓励他奋发努力，通过正当的途径参与竞争。平时也要用善意的关心、理解去感化他，用自己的真诚去消除他的敌意。时间一久，他就会感到友谊并没有因为你的成功而有所改变。

沈雄看到的是你在人前的成功，而没有看到你在人后所付出的努力。如果你将自己为学习而付出的努力和目前在班级工作中遇到的困难告诉他，并请求他给予帮助，往往可以缩小双方心理之间的距离，同时也可以转移他的注意力。

忘记曾经的不愉快，适时地请他分享你的快乐。要知道，你在工作中取得的成绩是与别人的配合、帮助分不开的，因此当你取得成功时，千万不要冷落了别人。

预防抑郁，不当“大闷瓜”

最近一段时间，好友耀文的情绪变得十分低落，不是很愿意和人说话。在学校里，下了课他也不跑来找我玩儿，而是独自趴在课桌上发呆，晚上回到家也是一副郁郁寡欢的样子。我和张蒙说耀文都快变成一个“闷葫芦”了，耀文的爸爸也开始怀疑自己的儿子有点儿抑郁的倾向。

耀文告诉我说，他也不知道为什么，现在一听到考试就很头大，成绩单下来，看见排名更是情绪低落。原先自己各门功课的成绩还不错，每次都可以进入班级前几名，但进入初三后，竞争更加激烈，而且压力更大，他连续几次小考都止步不前，甚至还有退步，这种落差让他感觉很苦恼，每次看到班主任那张充满期待的脸更是让他感到郁闷。

晚上回家看着一摞摞的复习资料，耀文很是头疼。为了不让家里人失望，耀文每天都发疯似的学习，到凌晨两点才睡觉，但是他的努力却没有收获，成绩单下来，进步依然不大。与此同时，他还患上了严重失眠与神经衰弱症，到了上课的时候又喜欢打瞌睡，如此一来学习效率明显下降。这一切让他对考试逐渐失去了信心，于是他开始把自己封闭

起来，虽然依旧日夜学习，但已经处于麻木状态，学习和考试的热情全无，整个人失去了应有的活力。

看着耀文这么烦恼，我和张蒙也一筹莫展，该怎么办呢？怎样才能帮耀文赶走抑郁，恢复青春活力呢？

爸爸对儿子说的悄悄话

青春期是儿童到成人的过渡时期，矛盾、敏感、自我是青春期男孩突出的心理特点。由于在这段时间他们的生理和心理发生了巨大变化，所以容易出现各种心理问题，其中抑郁情绪最为常见。

青春期的抑郁表现有：悲伤、绝望、孤独、自卑、自责等。如果已经出现上述部分症状，就应该及时通过合理的方式释放不良情绪，以便恢复到积极、健康的状态。

如果你朋友的情绪再这么低落下去，得不到缓解，有可能发展为青春期抑郁症。爸爸在这里给你们提几点建议：第一，可以根据自己的不同情况和条件，选择一项或多项运动项目长期坚持锻炼；第二，面对学习上的压力，要学会有意识地调整自己的情绪，充分认识到压力是生活的一部分，人不可能一点儿压力都没有，只有培养出自己面对压力的勇气，才能在生活中找到快乐。

正确看待自己，不要一味苛求，当面对各种纷繁复杂的问题时，可以寻求他人的帮助，这样有利于恢复心理平衡，也有助于舒缓人的精神压力。勇敢地面对现实，对某些的确不可能办到的事情，坦然地接受现实比硬撑着要轻松得多。当然，推心置腹地与人交流或倾诉，不但可以增强彼此间的友谊和信任，也能使自己心情舒畅，所以闲暇时不妨多找朋友聊聊天。

既然未来不可预知，那么不妨让自己豁达、开朗和乐观一些，这样不仅可以有效地缓解和消除精神上的紧张与压力，同时还能预防青春期抑郁症，对保持身心健康大有益处。

需要注意的是，如果抑郁情绪严重，可以请父母带自己去专科医院或综合医院的心理科找医生诊治，切不可讳疾忌医，以免造成严重后果。

如何克服虚荣心

好友黎辉最近谈起了恋爱，为了追求喜欢的女生，为了让自己更时髦、更帅气，他不惜借钱购买高档服装，还借钱买了iPad 来炫耀。同学都羡慕他出手阔绰，我问起他时，他很无奈地说是为了面子没有办法。一个周末，我去他家玩儿，在路上看到好几个人拦着他要钱，直到那时我才明白过来是怎么回事。后来，这个消息传到班里后，大家都躲着黎辉，他也为此陷入了苦恼之中。

其实，不止是黎辉一个人有这样的情况，学校最近兴起攀比之风，女生们现在凑在一起都是讨论一些名牌的东西，而很多男生也开始竞相购买名牌运动鞋，并穿出来炫耀。虽然我的家境很一般，但是受到大家的影响，我也开始有了买名牌的冲动，否则害怕被人嘲笑不懂时尚。

就连上、下学，很多同学都有专车接送，有宝马、奔驰等；就算没车接送的同学，也会打车上、下学。以前妈妈开着普通轿车送我的时候，我还觉得很方便实用，现在却觉得有些别扭，下车后也尽快灰溜溜地跑掉，生怕别人看到我家的普通轿车。

爸爸对儿子说的悄悄话

儿子，爱慕虚荣的人为了追求表面风光，和别人盲目攀比，导致欲望膨胀，当能力达不到时只有打肿脸充胖子，其实内心很空虚。这类人总是不断地进行思想斗争，一方面，在没有达到目的之前，为自己不尽如人意的现状所折磨和煎熬；另一方面，即使达到了目的，也害怕真相败露被人知道。提心吊胆总是痛苦的，与其内心备受折磨，还不如坦然接受自己家庭的实际条件，不要为父母增加无谓的经济负担。

你们现在还要依靠爸爸妈妈辛苦挣来的钱去上学、去消费。有些人不了解父母挣钱的辛苦，往往为了面子而不顾现实条件肆意挥霍。在这种强烈的虚荣心驱使下，有时还会产生可怕的动机，带来非常严重的后果。人只有体会到挣钱的不易，才会更加珍惜眼前的幸福生活。平时你们可以和父母多交流，多了解他们的工作情况，做一些力所能及的事情为父母减轻负担，还可以利用假期体验一下挣钱的辛苦，只有感受到手中金钱的分量，才能逐渐克服攀比心理。

如今很多学生过分追求虚荣，还有的人把成功与虚荣相混淆，将虚无缥缈的物质风光看作人生价值的实现，错误地制订了自己的人生目标。其实，成功与否不是单凭表面就可以衡量的，如何看待成功会影响到一个人的事业和成长。作为学生，更应该树立正确的人生观，树立正确、合理的消费观念。只有成为一个正直、健康的人，做出对社会有意义、能够为自己和他人带来益处的事才能算作成功。

其实，小小的虚荣心只要加以合理利用，也可以成为一个目标、一个奋斗的方向、一个使人不断前进的动力。但是一定要注意，虚荣心要有度，否则它就会成为阻碍人们前进的绊脚石。

作为学生，一定要抛掉虚荣心，这样才能找到属于自己的快乐。

赶走焦虑，找回快乐的自己

我原本是一个比较懂事的孩子，做起事来有条不紊。可最近不知为什么，心里总是充满焦虑。爸爸妈妈都说我不像以前那么懂事、踏实了，变得难以捉摸。妈妈比以前更唠叨了，而且变得异常敏感，只要有女生给我打电话或者大家一起出去玩儿，就马上问东问西，像审犯人一样。

难道真是像人们所说的那样，青春期遇到更年期，一触即发？妈妈只要见我在看电视，不是冲我吼叫就是唉声叹气，我也讨厌她的唠叨，于是能不待在家里就尽量不在家，以免言语不和，又引发争吵。

除此以外，进入初三以后的周六日我都非常忙，语文、化学、物理、数学、英语全要补习。周一到周日的轮番上课与补习，三天一小考五天一大考，做不完的作业与习题，答不完的试卷与测试让我心力交瘁。我只要一想到周日晚上3小时的新概念英语就很焦躁，临上课前又

是头疼又是心慌，就算我十分努力地背课文、背单词，成绩依然没有多大提高。

总之，忙碌的中学生活让我有些透不过气，班上许多同学都有这样的感觉，看来大家真是同病相怜啊！

爸爸对儿子说的悄悄话

儿子，处于青春期的你们，生理和心理迅速发育，你们的身心会发生许多变化，有时会出现焦虑情绪。如何赶走焦虑，找回快乐的自己，这需要父母、学校、老师与你相互配合，以便更快地摆脱不良情绪。

中考前就像进入一场旷日持久的战争，只有孩子与父母平心静气、相互配合，才可能取得理想的成绩。虽然在这个过程中会有摩擦、争执、压力，但只要用心沟通，那么一切问题都可以迎刃而解，况且一定程度的压力就是动力，能催人奋进。不过当压力过大出现一些慌乱和焦虑情绪时，就应该及时调整，否则可能会影响人正常的思维和判断。可能最近我和你妈妈都承受了过大的压力，我们的一些急躁情绪也使你更加焦虑。我觉得我和你妈妈应该多相互理解，多沟通，尽快重拾快乐心情。

当一个人处于难以名状的痛苦中时，需要以某种方式来宣泄自己的压力与焦虑，这个时候你可以找朋友或老师谈心；可以积极参加自己喜欢的文体活动；或者去看场电影、与同学逛街、听音乐等。调查发现，摆动双臂、昂首阔步要比低头懒散地行走更能使人的心情变得开朗、愉悦，而每次开怀大笑过后，人的血压和心跳都会更加平稳，全身都放松下来。当然，你也可以尝试一下去泡温泉或者洗热水澡，因为38℃～40℃的温水能加速人体血液循环，让人感觉更加舒适。

只要你对考试有正确的认识，平时注意知识的积累，学会自我减压，我们再与你积极配合，双方一起调整好心态，一定可以让你摆脱不良情绪，在学习上取得进步。

青春年少，应该与孤独划清界限

好友耀文一直都是一个很内向的男生，他从小到大没有几个要好的朋友，小学时和我关系不错，但是进入初中以后，我们没有分在同一个班，所以见面也比以前少了。听说最近他上学放学都是一个人，平时要么趴在课桌上发呆，要么一个人踢着小石子慢慢前行，就连上体育课进行小组分配，他也是落单的那个。

耀文有时也会告诉我，自己放学后看着同学们有说有笑地走远，而他一个人独行，就会感觉有些孤单，不知道怎么办才好。我让他与同学找共同话题，学会融入集体，他说："这几次课间休息，看同学们聊得热火朝天，好像非常高兴的样子，我也凑了过去，结果其中一个同学和另外几个人交换了一下眼神，大家马上就散开了，我不知道是不是没有我在，他们才会聊得那么开心畅快。可是我没有犯错，在班上，我都是规规矩矩的，没惹任何一个人；在家里，我也是个听话的孩子。我这样一个老老实实的男生，为什么就交不到知心朋友呢？”我一时语塞，不知道怎么回答他。

耀文怎么做才能融入集体生活呢？他怎样才能得到大家的喜爱呢？对于性格内向的耀文来说这确实是一个难题，我要想办法帮帮他才行。

爸爸对儿子说的悄悄话

儿子，爸爸相信你一定能帮助他。虽然青春期的孩子很容易感到孤独，但只要方法得当，耀文就可以摆脱孤独。对此，你和耀文都要有信心。

要想摆脱孤独可以借助两个方法：一个是让耀文积极主动地去接近别人，这个方法需要一定的耐心；另一个是通过改变自我，使别人愿意接近耀文。当然，目前来说，耀文积极主动地接近别人是一个不错的方法，除了简单地打招呼外，他还要学会关心、帮助别人。当看到周围的人有困难的时候，如果能主动伸出手去帮一把，贡献自己的一份力量，那么就可能为自己赢得一个朋友，这样他也会很快摆脱孤独。

要知道，一个人过于自卑或自负都会让周围的人疏远他。所以，要想获得朋友和友谊，就要在某种程度上改变自己，学会正确、客观地认识和评价自己，对周围的人报以友善的目光，相信他很快就会找到知心朋友。当然，他也可以先从每天早上与别人见面时做起。如果他每天上学都能以亲切的微笑来面对同学、老师，坚持一段时间，相信情况一定会有所改变。在此基础上，如果他再能设法找到一些共同话题，或者主动向别人请教，僵局就很容易被打破了。

生活中，总把自我放在嘴边的人，很难招人喜欢。如果在与别人交往时，不懂得尊重别人，总是有意或者无意打断别人的话；或是说些刺激人的话，让人感觉下不来台；或是总想和人争个高下，处处显示自己是正确的，恐怕也很难拥有朋友和友谊。所以，要想摆脱孤独，就要注重社交礼仪，成为受人欢迎的人。

此外，你们也可以尝试参加各种集体活动，通过集体活动上的交流，认识一些和自己志趣相投的人。只要有了沟通与交流，朋友自然就会多起来，明白了吗？

不要放弃，失败了从头再来

好友张楠小学毕业成绩并不理想，所以没有考上和我一样的中学。本来他对自己的学习就没有什么信心，现在进入初中以后，看着周围的人也都无心学习，他便更加放任自流了。我知道他曾经梦想着和我们几个“死党”一起上同一所中学和同一所大学，但考试的失利对他的打击很大。虽然我很失望，但也无可奈何。

刚上初中的时候，张楠打电话给我，感叹说：“为什么我这么倒霉！为什么我走到哪里都不顺？我的学习不好，老师也不看好我，现在的同学也不喜欢我，你们几个都上了重点中学，就我一个人在这所学校里，我整个人都快疯掉了，感觉看不到一点儿希望，整个世界都是灰色的。”听了他的话以后，我有些生气，于是教训他说：“你光抱怨没有用，与其自暴自弃，整天唉声叹气，还不如树立自信，重新来过。”他

立刻反驳道："你说说容易，但真正做到却很难。现在的我很困惑，你告诉我究竟应该怎么办？"我认真思考后，对他说："你要制订好学习计划，一步步去实现自己的计划，最终一定会达到目标的。我和张蒙、耀文也都会帮你补习的，你要记住，我们会在大学等你！"听到我如此坚定的话后，张楠激动地说："对，失败并不可怕，可怕的是失败以后就轻言放弃。从头再来可能要面对更多的困难，也可能会再次失败。但是，不尝试怎么会知道结果，如果连拼的勇气都没有了，那才是真正的失败。我决定放手一搏，努力坚持到最后一刻，尽我所能追赶你们，这才对得起你们对我的信任与帮助。"

爸爸对儿子说的悄悄话

一个人在一生中难免会遇到各种各样的困难，也难免会经历一些挫折或坎坷，这个时候千万不要灰心失望或自暴自弃。如果你想在人生之路上留下坚实的足迹，那么一定要有坚强的意志和奋发的精神。一个人要有所作为，不知要经受多少艰难险阻。在这些困难面前，如果因失败而丧失信心、放弃希望，那么也就失去了人生的价值和意义。人在刚开始做一件事的时候，难免会有失败，倘若因害怕失败而放弃，最终将一事无成。只有在失败中不断反思和奋起才能学到本领。青春期的男生要认识到，失败并不可耻，也不代表自己是无能的。只要仔细分析失败的原因，然后找出合理的方法加以改正，那么失败也有可能转变为成功的契机。

有的人一遇到失败，便显出脆弱的一面，甚至从此一蹶不振。但是事实上，一时的失败根本不像我们想象得那样恐怖与糟糕，这种失败的体验其实是一种再创造的源泉。所以，当失败突如其来地降临到你身边的时候，你要正确面对，将失败看作一次宝贵的学习和成长的机会，激励自己找到成功的方法，让自己更快地成长和成熟起来。

当人们把鲜花、掌声和喝彩都献给那些成功者的时候，很少有人会去关注他们成功背后的失败和曾经艰难跋涉的道路。如果没有失败，那么我们就不会有追求；如果没有追求，就不会有如此绚丽多彩的人生。一个人只有经历过失败，才会激起成功的欲望。失败一次，重新开始一次；再失败，再重新开始……只有在这无数次的打磨与演练中，才会有生命的超越，人才会变得更坚强。要记住，一时的失败不是结局，只是人生道路上的一个新起点。

第七章

感悟亲情：学会珍惜你身边的爱

世界上最值得信赖的、最无私的情感是亲情。因为大多数父母会把自己全部的爱都倾注在孩子身上，对他们的关心也可谓是无微不至。但是，处于青春期的少男少女有时对此并不十分理解，有的甚至充满敌意。因为在有的人眼里，这种爱正是对他们成长和独立的一种否定，所以总是与父母针锋相对。要知道，在一个人的一生中，可以享受亲情的时间并不多。只有学会珍惜身边的一点一滴，并牢牢地把握住它们，才能拥有幸福的一生。

儿子，请理解妈妈的唠叨

妈妈平时的工作很忙，可在生活上仍然无微不至地关心照顾着我。但妈妈有一个毛病——唠叨。从早上一起床，妈妈的唠叨便开始了。我玩儿，她唠叨；我写作业，她也唠叨；我周末出去玩儿，她还是唠叨，嘱咐起来没完没了。“小心车子，注意安全，看好红绿灯，记得要走斑马线”，这是我每天出门时都会听到的一句话。

昨天是周末，早晨我看《变形金刚》，一看就着了迷，忘了时间。妈妈洗碗后看见我坐在沙发上，又开始唠叨了：“现在都8点了，怎么还不写作业……”我不情愿地关了电视，向我的卧室走去。

我原本以为妈妈是因为到了更年期，所以喜欢唠叨，心想忍过去就好了。可是这样的情况一直持续了好几年，她丝毫没有改变，唠叨的次数和时间也越来越多。后来我一听到她的唠叨就非常烦躁，有时还会出言顶撞，生气的时候甚至会摔门而去。

爸爸对儿子说的悄悄话

儿子，要知道大多数人都是在妈妈的唠叨下成长起来的。妈妈的唠叨，其实是她对你的一种殷切希望，只不过在化作言语的时候，有时可能不是那么恰当。特别是现在你处于青春期这一特殊时期，心理比较敏感、易焦虑，有时不能冷静和理智地面对妈妈的叮咛，哪怕是她一句关心的话语，你都会看作一种无形的压力，认为她不理解你。其实妈妈并没有变，而是你认为自己现在长大了，什么都懂了，不需要妈妈的叮咛了。如果你能平静地对待妈妈的关心，就会明白这种关心本身没有错，只不过关心的方式可能有些不当罢了。

要知道，父母都希望自己的儿女比自己更优秀，他们希望自己的孩子多读书，多学知识，身体健康，今后能掌握立足社会的本领。父母的关心是最真诚的，也是最无私的，他们的爱是最不求回报的。正因为如此，你更应该理解父母，理解那种为你所想、为你所急的心情。就算有时候父母的话说得多了一些，也不要烦躁，更不要有抵触情绪，这样只会加深双方的矛盾和误解，让父母更加伤心。如果你选择轻松面对，恰当适时而又友好地向妈妈表示自己的决心，提醒她不必再重复同样的话，那么，我相信妈妈在欣慰的同时，也会尽量减少唠叨，变得更加体谅你，这不也是你所盼望的吗？

相反，如果你对妈妈的管教不屑一顾或对妈妈的叮嘱置之不理，那么妈妈就会感到很伤心。

儿子，你要多体谅和理解妈妈的苦心，要知道这个世界上最疼你爱你的人永远都是你的父母。相信今后当你为人父母时，就能够深深体会到妈妈现在的心情了。

寻找爸爸的优点，体谅爸爸的不完美

人们都说“父爱如山”。在小的时候，爸爸在我心中确实如同一座雄伟的大山，令我敬仰与崇拜，可是不知道从什么时候开始，爸爸在我心目中不再那么完美无缺了。

随着年龄的增长与知识面的拓展，我发现爸爸并不是全能的，不能像我小时候那样满足我的全部需求。不仅如此，我发现他的缺点也越来越多。例如，爸爸不善言谈，学校组织家长会他都很少参加；虽然他工作很辛苦，但赚的钱却不是很多……

上了中学后，由于有一段时间选择住校，所以我很少回家，周末和爸爸见面时感觉没有什么话说。也不知道从什么时候开始，我们之间有了隔阂，我不再羡慕爸爸修理电器的手艺，也不再迷恋爸爸给我做的飞机模型，有的时候甚至会因为爸爸对某件事的无能为力而埋怨他。虽然我知道这样会伤他的心，但我却不知道该怎样去调整自己心中的落差。

爸爸对儿子说的悄悄话

儿子，你最近的变化我也察觉到了，我觉得你与爸爸相处不再

那么愉快了。我也不知道怎样才能让你明白爸爸的心，其实无论爸爸完美与否，爸爸和妈妈都是深深爱你的，这一点是毋庸置疑的。当然，爸爸也需要你的理解与尊重。

每个人都有优点和缺点，爸爸也不例外，如果你总是选择用挑剔的眼光来看待自己的爸爸，那么你看到的将永远都是爸爸的不足。无论爸爸怎么努力去改变，你都会对我心存偏见，也许我不善于表达对你的爱，对你提出的问题也不能完全给予解答，但只要你细心观察就会发现，这种爱已经完全融入生活的点滴之中，无所不在。爸爸是爱你的，虽然你的身上也存在一些缺点与不足，但我仍能看到你优秀的一面。在生活中，我会默默地提醒你、帮助你，让你朝着更好的方向发展。

也许爸爸很少参加你的家长会，大多数时候都是妈妈去，这是因为爸爸的工作确实太忙了；虽然爸爸赚的钱不是很多，但我一直都在尽自己最大的努力来为你创造更好的生活……如果你能用心寻找爸爸的优点，体谅爸爸的不完美之处，那么你将会发现爸爸是一个非常踏实、有责任心的人。

别把父母的付出视为理所当然

爸爸妈妈真的很爱我，在学习和生活上都给我无微不至的照顾，以至于我认为这种爱是理所当然的。十几年来，他们对我的关心和照顾一直没有变。对于他们关切的询问，我有时只是敷衍了事，从来不知道主动去关心他们，也不懂得询问他们的身体状况。

直到前几天我和班主任进行了一次真诚的谈话，我才深深地意识到我不再是个小孩子了，应该对父母给予自己的关心和爱，心存感恩。十几年来，爸爸妈妈为我付出了他们的青春、汗水……可我自始至终连一句“谢谢”也没有说过，总觉得这一切都是理所当然的，却没有想过父母的感受。

母亲节那天，我给妈妈打了个电话，同时非常开心地祝妈妈节日快乐。妈妈听后感觉非常诧异，她没想到一向没心没肺的儿子会记得这个节日，更没想到儿子还会打电话问候自己。妈妈很开心，也非常欣慰。我又说了很多祝福她的话，妈妈感动得一塌糊涂，说自己都想哭了，爸爸也不停地称赞我长大了。这是妈妈收到的第一个母亲节问候，以后每年的母亲节和父亲节我都要让他们收到这样的喜悦。

爸爸对儿子说的悄悄话

儿子，你有了这样的改变，爸爸很高兴。不过你要记住的是，除了爸爸妈妈以外，你还要感谢很多人，他们对你的爱也是无私的、不求回报的，比如爷爷、奶奶、姥姥、姥爷……他们用善良的心呵护着你成长的每一天，让你在学习和生活中无忧无虑、快乐成长。当然，还有从小爱逗你玩儿的邻居、爸爸妈妈的同事和经常给你买礼物的叔叔阿姨……大家对你的无私付出你要牢记于心，要学会感恩。

在养育你的过程中，父母只能尽最大的努力，教你知识、教你技能、教你与人打交道，让你尽可能地融入社会的大家庭，过上幸福的生活。每个人只有勇于付出，懂得感恩，才能获得更多的幸福。在生活中，你不能因为父母没有达成你的某个心愿而冲着我们大发脾气；更不能认为父母有责任和义务抚养你一辈子。相反，你应该主动去体谅父母，让我们感到你对我们的爱和尊重。

父母离婚了，你该怎么办

在好友耀文10岁那年，他的父母就离婚了。虽然当时的耀文还不能理解离婚的准确含义，但他模糊地知道爸爸妈妈以后不会在一起了。从那以后，耀文每天都愁眉苦脸、心事重重的，怎么都开心不起来。每当他看到别的同学和自己的爸爸妈妈一起去游玩儿，一起去吃麦当劳，一起去买东西……他都非常难过，他告诉我说自己很久都没有过那样的生活了。为此，我很同情他。不过，我突然也很担心，如果我的爸爸妈妈离婚了，我该怎么办？

对于现在的耀文来说，母爱已经变得很陌生了，而且，他还发现爸爸也越来越不关心自己了。每天放学回来，心情低落的他看着家里坐满了不认识的叔叔阿姨，他们三天两头过来打牌、抽烟，把家弄得一片狼藉，他都会很伤感。此外，耀文的爸爸也很少过问他的学习情况，只要一看到成绩不理想就骂他。耀文说他爸爸只看结果，从不重视学习过程。耀文还告诉我说这几年来他没有一天是开心的，也没有一天不难受怨恨。看着别人家那么温馨快乐，他无比羡慕。

在耀文的书包里，总是放着一张以前他和爸爸妈妈的合影，看着那三张笑容满面的脸，他总是会陷入深深的回忆中。我忽然感觉很凄凉，也很可悲。耀文是多么希望自己还能像小时候那样，在爸爸妈妈的关爱下快乐地成长，但离婚的现实却总是让他的美梦破碎。这几年来，耀文几乎没有快乐过，我很担心，他以后该怎么办啊？

爸爸对儿子说的悄悄话

儿子，虽然每个孩子都希望家庭幸福美满，但是，有的时候感情不可以勉强，你懂吗？耀文的爸爸妈妈也有追求自己幸福的权利。而耀文多年来的焦虑、不安等不良情绪，也都需要进行适当的宣泄，如果再这样下去会给他的身心带来伤害。你可以劝慰他说：“你的爸爸妈妈都是成年人了，他们有自己的想法，他们知道你是个孝顺懂事的孩子，但是离婚是两人共同的选择，你要学会尊重他们的选择。好吗？”况且，有时候离婚也不一定是一件坏事，耀文的父母之所以做出这个决定，有他们自己的理由。我明白耀文现在的无奈，但他应该学着勇敢一点儿，不要给自己那么大的压力，也别感到自卑。

父母离婚以后，孩子要努力坚强、理智地面对，这件事情交给大人自己来处理。需要特别说明的是，离婚并不代表爸爸妈妈不关心孩子、不爱孩子了，要知道，父母对子女的这份爱不会因为时间、场所而改变。每个人的生活都是不同的，每个人都应该坚强、乐观、勇敢地面对自己的人生。

单亲家庭长大的孩子在性格上可能会有些孤僻，但爸爸希望你的朋友能从这份伤痛中走出来，因为他现在已经长大了，在心理及生活上都应该独立起来了。只有他成熟懂事了，才能劝导他爸爸逐渐改掉不良习惯，他们父子俩也应该一起努力把生活过好，这才是正确的选择。

如何面对亲友的离世

前几天外公因肺癌去世了，对我来说，这太突然了。

外公去世的前一天，我晚上梦见外公走了，他直挺挺地躺在冰凉的地上，旁边蹲着哭泣的外婆。外婆在我读小学的时候就去世了，所以我对她的印象不是很深。慈祥的外公让我的童年很幸福，也让我感觉非常温暖。我总是缠着外公帮我做玩具，缠着外公一起去池塘钓鱼，他总是鼓励我要用心读书。没能报答外公对我的爱，是我这辈子的一个遗憾。不过现在外公和外婆在一起了，这让我多少感到一些安慰。

原来我一直觉得死亡是一件很遥远很遥远的事情。当曾经熟悉的人突然离开了，才让我明白了生命原来是这样的脆弱和可贵。我很伤心，也很悲痛，仿佛一夜之间长大了、懂事了。随着年龄的增长，我明白了亲友的离世虽然是一件无奈的事情，却是每个人不得不面对的事实。所以，要让自己好好地活着，尽量活得开心，并尽自己的力量让亲人在有生之年活得更好。

爸爸对儿子说的悄悄话

儿子，生老病死是自然规律，你不要过于忧伤。每当这个时候你可以做的事情有很多：

首先，你可以充分宣泄悲伤等情绪，这也是减轻痛苦和思念的一个必要过程，能够从根本上使自己的心态平和下来。

其次，你也可以采取写回忆录的方式来缓解悲痛，比如把过去外公对你的爱都记录下来，当作回忆。

最后，当我们充分宣泄悲伤的时候，也是开始治愈悲伤的时候。我们需要深深地怀念逝去的亲人，更要投入地拥抱新生活，因为那一定也是已故亲人所期盼的。

学会感恩，才能学会生活

小时候，爸爸妈妈经常教育我要学会感谢，要懂得感恩。我一直都不理解其中的含义，慢慢地，我进入学校读书，一天天成长起来，在生活的一点一滴中逐渐理解并学会了感谢和感恩……

记得10岁那年，我突然发热了，爸爸妈妈又心疼又着急，看着爸爸赶往药店的身影，我感觉很幸福，也很愧疚，同时我被高热折磨得头昏脑涨，希望自己能快些好起来。可是吃了药后，我的高热症状并没有缓解。心急如焚的爸爸妈妈又立刻带着我打车去了医院。经过检查，我被确诊为支气管炎，必须住院观察治疗。在医院一住就是一周，那几天爸爸妈妈日夜守护着我，安慰我。他们怕我在医院无聊，所以又是陪我看书又是玩玩具、讲故事，让我每天都过得很开心。

经过医生的治疗和家人的悉心照料，我的病终于痊愈了，又恢复了往日的活力和顽皮。虽然在这以后我还会经常惹大人生气，但我也在不断地成长，并越来越懂事。现在我尽量不让家里人替我操心。这些美好的回忆伴随着我长大，生活的点点滴滴让我感受到家人对我的爱与呵护。我学会了感恩，也学会了生活。

爸爸对儿子说的悄悄话

儿子，看到你懂事了，我很欣慰。学会感恩，是做人的基础。做人要脚踏实地，怀有感恩之心。天底下的父母对子女都是无私的。父母把子女当作心肝宝贝，恨不得把所有的爱都给孩子，并含辛茹苦地抚养孩子长大成人。你能够意识到这一点，说明你真的长大了。

在你们成长的道路上，除了亲人以外，还有很多人把爱无私地奉献给了你们，比如你们的老师。老师是学生的“红烛”，他们总希望学生能够超过自己。每一个受过教育的人都应该感谢老师传道、授业、解惑，因为他们为你指点迷津，启迪智慧，让你学到了知识，拥有了力量，更为你今后的发展打下了基础。所以，要对老师心怀感恩。

感恩既是一种美德，也是一种处世哲学。感恩体现着一个人对他人以及社会的正确认识；知恩图报、有恩必报的人才会拥有好的人缘；感恩不仅是一种情感，更是一种人生境界的体现。学会感恩，才能学会生活。只有懂得感恩，人们的内心才会充实，才会拥有更多的幸福。

愿你常怀感恩之心，无私地帮助更多的人。

天下最不能等的是孝顺

好友张蒙的妈妈在前年体检时查出乳腺癌，进行了手术，接着又进行了化疗、放疗。经过5个多月的治疗，张蒙妈妈的病情有了好转。张蒙告诉我他妈妈曾在治疗最艰苦的时期，说过很想去普陀山、九华山等地看看。于是我鼓励张蒙等学校放暑假时去满足妈妈这个心愿。去年6月，张蒙妈妈的身体恢复得不错。我告诉张蒙，这是一个机会，应该及时满足他妈妈去外面走走的心愿。张蒙看到妈妈的身体渐渐地好起来，于是想等以后有时间再去，并约我一起报名参加了英语培训班。

可是到了国庆节，张蒙妈妈去例行复查时，发现肾上长了一个肿瘤，这样他妈妈只好又住进了医院，再一次进行手术。经过一番治疗，他妈妈的病情基本控制住了。可是没多久，张蒙妈妈连续几天都高热不退，无奈之下，张蒙爸爸只好把她再一次送进了医院。昨天晚上，张蒙爸爸突然给张蒙打来电话说，张蒙妈妈的癌细胞已经扩散了，病情十分严重，只希望能再看看张蒙……

张蒙立即飞奔了回去，我整个人也都蒙了，没想到张蒙妈妈的病情会恶化得这么快，都没有给张蒙实现妈妈心愿的机会。我相信此时张蒙的心里一定很后悔，因为他没能及时实现妈妈的心愿，这也成为他人生中永远的遗憾。

爸爸对儿子说的悄悄话

儿子，中国有句古话："百善孝为先。"这充分说明孝亲敬老是一种在人类发展过程中形成共识的行为道德准则。既然人们提倡友爱，那么首先应该爱自己的父母，其次才能谈到去爱他人、爱集体、爱社会。

孝顺父母是不能拖延的，因为等待有时可能会变成遗憾，而遗憾是花多少钱都无法弥补的。有人说，等我努力赚到钱了，就让父母过上好日子；等我有时间了，就带着爸爸妈妈周游世界，让二老在有生之年玩儿个痛快。当我们静下心来好好想一想时，就会发现自己对爸爸妈妈的孝心全都埋藏在心里或者处于等待中。如果只是想而很少付诸行动，那么等到你觉得自己完全有能力去孝顺的时候，也许已经没机会了。

孝敬父母的事情永远不能等！孝心不是用钱来表达的。父母不需要那么多的物质，他们所缺的是精神上的慰藉。哪怕是他们渴时递过来的一杯茶，他们寂寞时给予的陪伴，他们生病时给予的问候和关心……这些才是父母内心所渴望的。

感恩父母，不需要惊天动地，哪怕是一件微不足道的事，只要能让他们感到欣慰，就已经足够了。父母为孩子倾注了全部的心血、精力，而孩子有时却很少体谅他们的劳累。要知道，孝顺父母体现在日常生活的小事中，只要尽心尽力去做，父母一定能够感受到。“树欲静而风不止，子欲养而亲不待”，人生在世，追求的东西有很多，该舍弃的东西也有很多。生命经不起太多的等待，所以请不要用各种各样的理由将孝顺拖延。

儿子，你现在还是中学生，你要记住：孝顺不一定是用物质来体现的，比如一封信、一首歌、一个拥抱、一声问候……都能将你的孝心传递出去。

第八章

立足于世：青春期你要学会的生存能力

当今社会发展迅速，青春期男生想在社会上立足，成为未来的主人，除了需要具备良好的思想文化素质外，还必须掌握一定的生存和生活本领。只有这样，他们在面对挑战时才更具有竞争力；在面对难题时才更具有创新意识；在面对诱惑时才更具有自控力；在面对机会时才更具有决断力。这些能力的培养，能够让男生在未来的竞争中赢得先机，为成功打下坚实的基础。

有责任感的男孩才能成大器

爸爸妈妈从小就教育我，一个人在任何时候都必须对自己做过的事负责。当出现问题的时候，应该去承担责任，而不是选择逃避，更不能一味地后悔与消沉。一次，我不小心损坏了班级的公物，爸爸告诉我要勇于承认自己的错误，修理好公物或是以其他方式进行赔偿；我在玩游戏的时候不小心弄伤了别人，爸爸也会平静地告诉我该怎么做，如何把伤害降到最低……就这样，在成长的过程中因为有爸爸妈妈和老师的引导，我学会了承担责任，也逐渐学会了总结经验、教训，避免犯同样的错误。

长大以后，我变得成熟起来，做事有条有理。上初中后，班主任很欣赏我这一点，让我在班上谈谈关于责任心的话题，我是这样说的：“从生活中的小事做起，从简单的吃饭、说话、不乱扔东西做起，尽可能做到力所能及地帮助别人，保持同情心、爱心和感恩之心。从细节之处培养责任心，要明白自己肩上担负的重量。当一个人意识到给予是责任时，也一定会发现给予是快乐的。责任可以大到为国为民，小到为父母为自己，有责任感的人走到哪儿都会受到大家的尊重。”

爸爸对儿子说的悄悄话

儿子，看到你对责任有这样的理解，爸爸很为你高兴。是的，每个人都应该有责任心，父母对孩子的责任心不仅体现在孩子的衣食方面，更体现在对孩子的心灵塑造方面。如果不能正确地爱孩子，教育孩子，怎么能培养出孩子的责任心呢？只有以身作则，才能培养出优秀的、有责任心的好孩子。

生活中，有不少父母盲目地满足孩子的要求，不管孩子的要求是否合理，孩子出现的问题也都由父母解决和承担，这不是爱，而是溺爱，这样只会让孩子缺乏责任心、没有担当，这也是父母缺乏责任心的表现。不培养孩子的责任心和感恩之心，容易让孩子变得自私自利，孩子今后自然就会漠视他人。

缺乏责任心的孩子在生活上如此，在学习上更是如此。现在有很多学生认为自己做作业和学习都是为了父母，不是为了自己，所以他们只是敷衍了事。作为一个青春期男孩，如果没有意识到自己的责任所在，那么今后怎么能成为一个让人信任的人呢？

责任感是每个成功人士都必须具备的素质，只有当你怀着高度的责任感去学习和生活，你才会表现得更加优秀、更加出色。

每个人都应该有一定的责任感，因为它将伴随我们的一生。人生走的每一步路，你都应该对自己负责。儿子，现在你还是一名学生，你的主要职责是学习，等你参加了工作，有了自己的家庭，你的责任也会越来越重，你一定要成为一个有责任感的人。

独立自主，自己的事情自己做

“早晨，在规定的时间内自己起床、洗脸、刷牙、吃早餐、上学，整理好要带的东西，注意关好门、窗，检查电源……”今天是表弟去寄宿学校上学的第一天，妈妈在他出门前已经反复嘱咐很多遍了，以后他就要一个人独立生活，虽然家里人很舍不得，但为了他的学业与前途，还是要放手让他自己去面对。

回想起我当年去寄宿学校的那一段时间，似乎和现在寄住在我家的表弟情况差不多，我当时也央求妈妈不要送我去学校，如果被新同学看到，肯定会笑话我的，都读初中了，怎么还让人送呢？我当时到学校宿舍找到自己的铺位后，终于松了一口气，扔下行李就去参加开学典礼了。等到下午放学回来后，发现大家的铺位都已经整整齐齐地铺好了。和同寝室的人打过招呼后，我开始铺床、叠被子。大家已经出去吃饭了，我一个人忙了半天都叠不好被子，东西也被翻得乱七八糟。这时我才发现，离开妈妈我很多事情都不会做。

等我把东西全部收拾好以后天都黑了，大家收拾衣服去洗澡，而我因为误了饭点只好饿着肚子。我很委屈，本想给妈妈打电话诉苦的，又怕被人笑话，所以还是忍了下来。在接下来的日子里，我在室友的指导和帮助下学会了很多东西，开始自己洗衣服，自己刷鞋子，慢慢变得独立起来。后来周末回到家，我的变化让爸爸妈妈感到惊讶，他们对我竖起大拇指，夸我进步很大。现在我已经长大了，动手能力也很强，再也不用担心不会做家务事了。我不得不承认，只有经过不断历练的人才能真正独立起来。

爸爸对儿子说的悄悄话

现在很多孩子凡事都由父母包办代替，久而久之，就形成了一种养尊处优的习惯，这是一种错误的做法。其实，只有让孩子自己的事情自己做，才能够培养其独立自主的能力。当然，要真正落实自己的事情自己做，首先要正确理解这句话。自己能做的事情一般是力所能及的，即使有点儿难度，只要你努力去做，一定能够做好。

自己的事情自己做有利于培养动手能力，磨炼自己的意志。要成为一个对社会有用的人，必须具备一定的动手能力。虽然说这一能力的培养不是一朝一夕就能完成的，需要经过长时间的实践和锻炼，但是在这个过程中，我们可以逐渐脱离父母、老师等的帮助，完全靠自己的能力，充分发挥自己的智慧，把事情做好。

自己动手做事有利于培养独立意识。现在，很多父母过分宠爱孩子，但这样的父母要知道，孩子终究有一天会离开父母的羽翼，要自己独立生活。只有敢于展翅翱翔、自力更生的孩子才能真正长大，才能闯出一片属于自己的天地。

当前，社会正在飞速地向前发展，作为一个有理想、有抱负的青少年，一定要努力提高自己各方面的能力，为投身今后的事业打下良好的基础。

儿子，爸爸妈妈希望你能主动锻炼自己，形成良好的学习、劳动习惯，变得自信、自立、自强，理解并履行你的义务，在学习和生活上具备一定的自我管理能力，为自己的未来做好充分的准备。

提高财商，学会理财

一天晚上，爸爸和我进行了一次严肃认真的交谈。爸爸说从现在开始，我可以支配自己的生活开销了。他的意思是，除了学费、家里的生活费支出外，每月给我300元，但这并不全是零花钱，包括了我平时的开销、学习用书和学习用品的支出。听完爸爸的话后，我觉得很简单，可是不久之后，我就有点儿发愁了。由于学校的同学聚会很多，大家都喜欢凑在一起吃饭，有时还去游泳……我也不能表现得过于小气，所以也和同学抢着买单。两三次下来，我就发现自己的300元已经所剩无几了。

于是，我开始想到要记账，这样就可以限制自己花钱了。我自己设计了一个简单的Excel表格，把日常生活中可能发生的消费项目都列上去，每天利用闲暇时间回顾一下当天花了哪些钱，然后仔细敲到电脑里去。有了记账的意识，对支出的规划也就自然而然形成了，之后再需要花钱办正事就游刃有余了。

对于春节的压岁钱，我选择储蓄。爸爸告诉我，银行存款有不同的种类，存款利率是不一样的。比如活期存款，利率比较低，但它的好处是提取自由，需要用钱的时候可以去银行随时取出来；但是定期存款就不同了，它的利率比活期高，但缺点是要到期才能支取。

我思考再三后最终选择了一年期的定期存款，因为通过这段时间的锻炼，我已经学会了基本的理财知识，把暂时不需要用的钱都存起来，等到以后这笔钱说不定可以起到很大的作用呢！

爸爸对儿子说的悄悄话

儿子，学会记账是正确的，这样你可以为以后制订合理的消费计划。通过账本你可以知道自己把钱都花到哪里去了、哪些钱该花、哪些钱不该花，经常进行比较和总结会增强自己的理财意识。

通过控制自己的某些欲望，可以利用存起来的钱做些更有意义的事情。如果你不知道该怎样处理，可以询问一下爸爸妈妈，因为成年人在这方面的经验比青少年要丰富一些。当然，你也可以把钱存入银行。不过，你首先应该去了解银行的存款利息，与家人一起商量怎样存款才能获得更多的利息。你可以试着让自己学习一些投资知识，当你积累了一定的投资知识后，可以试着开始购买少量的基金或者债券，也可以集邮等。至于选择怎样的方式，就要看你自己的兴趣爱好了。因为理财的目的不仅仅是让你省下许多钱和让钱升值，更重要的在于如何让自己未来的生活更有保障。所以根据自己未来的需求来计划和安排理财方式是很重要的。

生活中，你可以建一个家庭每月生活开支统计表，把每天的支出项目都罗列出来，到了月底的时候再进行各项支出的汇总，经过实践，你就会发现月支出是一个很大的数目，更能体会到花钱容易赚钱难。当然，有些钱是必须花的，而有些钱是不必花的，花了就是在浪费。经过不断总结经验，你就可以逐步提高理财意识。

通过上面的介绍，相信你对理财有了一定的了解，要想有更深入的了解，还需要你自己去主动学习更多的理财知识，然后在实践中逐渐摸索，慢慢地你就会发现自己也会理财了。

创造力，让你更有出息

由于耀文想象力丰富，创造力强，在一次物理竞赛中，他获得了一等奖。这让耀文的爸爸妈妈很欣慰，我也为他感到开心。看到自己的付出终于有了回报，耀文也更加自信了。

耀文跟我说他从小就很淘气、调皮，不过爸爸妈妈对他很宽容，他们很少严厉地责备他，多数情况下都是和他讲道理，有时还会鼓励他展开想象，将“破坏行为”继续下去。在这样的家庭氛围中，耀文的动脑和动手能力都非常强，平时家里有什么小物件坏了，都是他拿着工具一点一点琢磨修好的。当然，他也有很多拆了不会修理的，这时爸爸会拿着说明书，和他一起研究，一起讨论。

耀文6岁那年，他爸爸从外地带回来两盆花，他看着爸爸用凉水浇花，很好奇，便问爸爸说："我每天都喝温水，为什么花儿不能喝温水？"爸爸笑了笑，没有回答。接下来耀文爸爸是这样做的，他让耀文每天用温水浇一盆花，而他自己却用凉水浇另一盆，这样耀文每天观察就可以知道到底哪一盆花长得好。耀文对此很感兴趣，经常跑去看，结果不言而喻，耀文用温水浇的花枯萎了。但在这个探索过程中，爸爸激发了耀文对植物生长的兴趣，加深了他对花的认识。从此以后，耀文经常做各种各样的实验，增长了许多知识，学习兴趣变得更加浓厚了。

爸爸对儿子说的悄悄话

创造离不开想象，孩子一般都是靠想象力来开启幻想世界的。只有在这种自由幻想的世界里，孩子才会萌发创造性思维。20世纪最伟大的物理学家爱因斯坦说过："想象力比知识更重要，因为知识是有限的，而想象力概括了世界上的一切，推动着社会进步，并且是知识进步的源泉。"虽然创造一个新事物需要借助想象力，但人的想象是以丰富的生活实践为基础的。只有看得多、听得多、接触的事物多，大脑里才能积累丰富的表象，即使人们闭上眼睛也可以"看得见"。大脑里积累的表象多了，经过改造和调整以后，就有可能产生新的表象，这个形象思维发展的过程就是创造。

青春期的孩子也应该多到大自然中去，观察各种树木花卉，了解植物与环境之间的关系；同时也应该了解动物的不同种类，分辨它们的外形特征以及生活习性。在自然界中多观察、多发现，认识的事物多了，想象的基础也就会越来越深厚，也越有可能触发新的灵感，产生一些与众不同的想法。如果只知道整天待在家里读书、写作业，那么时间长了只会变成书呆子，绝不可能成为一个有创新能力的人。

玩儿是孩子的天性，你们在玩儿的过程中要善于发现，敢于尝试。只有多尝试，才能知道不同的结果；只有培养自己善于观察、善于思考的良好习惯，才能够不断突破、不断创新。要知道，有创造力的孩子才会更有出息，如果只知道循规蹈矩，往往很难取得更大的成功。

学会每天反省自己

因为学习成绩很不错，加上这段时间我参加全国数学比赛还得了奖，所以班主任帮我申请了保送上重点高中的名额。一时之间，我在众人眼里前途变得一片光明。当我知道自己有可能直接上重点高中免于中考的时候，我内心狂喜，非常得意，看来我不用再担惊受怕、日夜苦熬了。由于连日来的放松，加上参加亲朋好友的庆祝聚会，我紧绷的神经逐渐放松下来，连学习也停滞不前了。到了考试的时候，我看着考卷竟然感觉有些陌生。几天后成绩出来了，我退步了很多，怎么会这么差呢？班主任说由于这次考试前后差异太大，所以保送的事情有待进一步考察。

后来，我回想起当时知道保送的事情后，上课不注意听讲了，下课也懒得花费时间去完成作业，更不用说比别人更努力了。大家都在进步，而我却跟一些学习不好、整天惹是生非的同学在一起，老师们见我这样，怕我退步，也都纷纷找我谈话。可是我当时并不在意，因为觉得自己基础好，所以只把他们的话当耳旁风。之后我依旧我行我素，整天

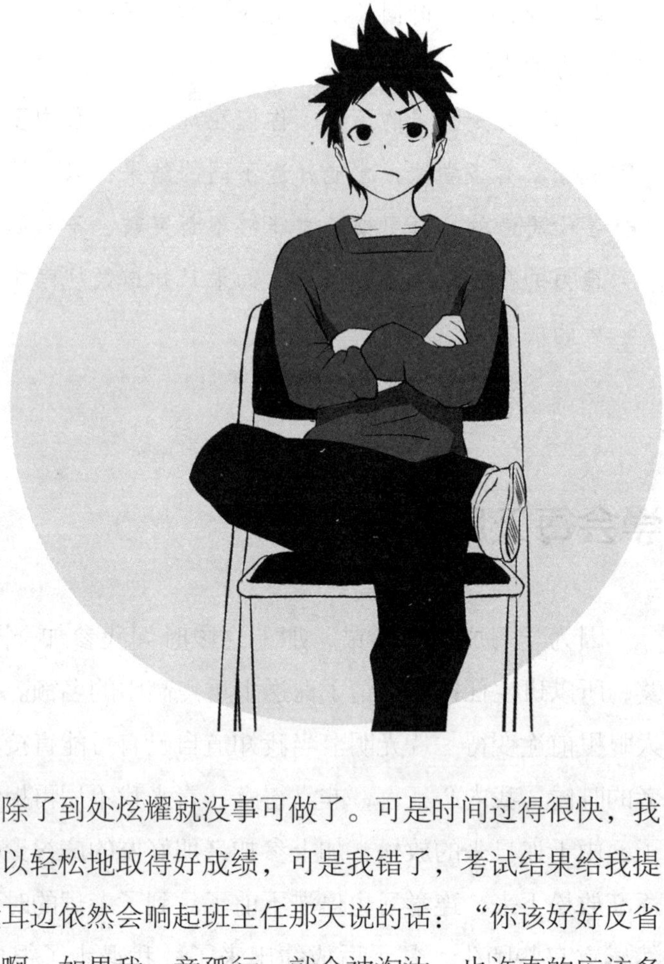

沉迷在喜悦当中，除了到处炫耀就没事可做了。可是时间过得很快，我本以为这次考试可以轻松地取得好成绩，可是我错了，考试结果给我提了一个醒。现在我耳边依然会响起班主任那天说的话："你该好好反省一下自己了。"是啊，如果我一意孤行，就会被淘汰，也许真的应该多反省一下了。

爸爸对儿子说的悄悄话

儿子，懂得自我反省是一件好事，因为只有对自己的思想和行为进行深刻检查和反思，才能不断修正自己所走的道路。只有通过反省，你才能越来越理智，你的学业才会越来越顺利，你的生活才会越来越幸福。

人们只有通过反思，才能清楚地看到自己的错误；通过反思，才能充分了解自己的不足；通过反思，才能更好地认清自己；通过反思，才能有所进步。一个真正有修养的人会从自省开始，真正的成功不是一时的鲜花与掌声，而是不断地超越自己、战胜自己。只有先赢自己，才能赢别人。认清自己就是要注意到自己的优点和缺点。这不是一种被动的行为，只有让自己面对现实，不断反思，才能不断地取得进步。

反省的内容，可以是理性地分析自己，提高对事物的判断能力；也可以提醒自己消除狂妄之心，不断改正过失；同时还可以告诫自己要从别人的错误中吸取教训，避免犯同样的错误。只有做到全面地自我反省，才能真正认识自己，才能不断修正并完善自己。因此，坚持反省是每日必不可少的功课之一。只有这样，才能帮助你用正确的方法来看待周围的事物。在现实生活中，很多人往往看不到自己的过错，只会一味地追究别人的过错，因此需要时常反省一下自己，只有这样，才能走向成功。

善于做时间的管理者

最近，我不住校了。我早上5点半就醒了，想早点儿起来去教室背诵课文和知识点，可又觉得6点还要晨跑，再回来太麻烦，于是便打消了这个念头，躺在床上继续睡。等起来时却发现自己睡过了，晨跑是不可能了，背诵也泡汤了，只求不要迟到就好了。等我上完早自习去食堂，发现自己又晚人一步，队伍已经排得很长了，没办法只能慢慢等。早饭后我去教室上课，却发现自己少带了练习本，回去拿时间肯定不够，只有等中午休息的时候跑一趟了。由于心中有事，所以上午的课我也没有用心听。中午一放学，我马上就冲回家去拿练习本，等到我满头大汗赶回来时，已经开始上课了。

由于中午没有休息，下午上第一节课时我昏昏沉沉的。下课后，我本来想抄抄笔记的，但看到周围的同学聊得热火朝天，我很快就加入了他们的行列。有个同学建议放学留下来抄单词，为明天做准备，但我想到晚上6点半有我喜欢看的电视节目，便说："我晚上回家再抄好了。"

晚上回家以后，我准时收看了喜欢的电视节目，但又觉得还有很多事情没做，所以看得也不踏实。吃完晚饭后在爸爸妈妈的催促下，我去房间开始写作业，写了一会儿以后碰到了一道难题，放弃吗？不行，不能知难而退，我一定要想办法把它给解决了。结果我用了半个多小时也没有解出这道数学题。这个时候我看看表，都10点了，最后我还是决定放弃。可是接下来还有物理作业、化学作业、语文作业、英语作业需要做，没有办法，只能随便乱写了。写到半夜12点，终于完成了！我长吁一口气，洗澡准备睡觉，可是洗完澡精神了，结果1小时后才睡着，看来又要影响第二天的时间安排了。

爸爸对儿子说的悄悄话

儿子，要想做时间的主人，首先应该珍惜时间。"一寸光阴一寸金，寸金难买寸光阴"，这句话说出了时间的珍贵。我们可以计算一下，假如一个人活到80岁，大约有70万小时，其中能有充沛精力进行学习和工作的时间只有40年，大约是14600天、35万小时。除去每天睡眠休息的时间，大概还剩20万小时，而人生命的有效价值就需要在这些有限的时间里来实现。一个人的学识可能越来越丰富，生活越来越富裕，但他拥有的时间只能是越来越少。如果没有了时间，即使计划再好、能力再强、目标再高，也都是枉然。时间可以很快溜走，也可以发挥最大的效力，就看你如何有效地管理好自己的时间。虽说我们不能延长生命的长度，但却可以拓展生命的宽度。

爸爸在这里教你几招：第一，明确每天要做哪些事，包括学习、锻炼身体、业余活动、生活杂事等。第二，将每天的时间进行具体的规划，要明确自己每件事在什么时间做、要做多久，可以具体到小时甚至分钟。一旦开始计划就不要轻易发生变更，如果确实临时有事需要被迫更改，要明确什么时间补做。第三，要明确奖惩制度，在第一个月里，如果你每天都按自己制订的时间计划表做到了，那么一星期下来可以给自己一个奖励；如果哪天没能做到，当天就给自己一个惩罚，避免下次出现类似情况。第四，平时一定要克服浪费时间的习惯，例如懒惰和故意拖延等。你可以将需要完成的事情郑重地写下来，贴在自己的床头，每天提醒自己，从而增强你的行动力。

除此以外，你还应该学会利用自己的业余时间。例如，在赶路的时候，可以顺便思考问题；在等人的时候，也可以拿本书学习一下等。一个会利用业余时间的人往往能比别人多做很多事。不要说自己没时间，时间是靠自己挤出来的。学会做一个优秀的时间管理者，你将会更快地获得成功。

如何拥有超强的自控力

很多人都喜欢看电视，我也不例外。每逢星期天，我总是喜欢在家看电视，很少出门，可以说是标准的宅男。除非第二天要上学，在爸爸妈妈的催促下我才会迫不得已地关上电视。

爸爸妈妈说过我很多次，但我就是改不了，看到节目的开头就想知道结尾，生怕错过一个细节。我也知道自己的自控力差，这样下去会严重影响睡眠与学习，但我就是控制不住自己。终于有一天因为看球赛到凌晨，我错过了第二天的模拟考试。我很后悔，因为学业对我来说也是很重要的。晚上吃饭的时候，我主动向爸爸咨询怎样才能增强自控力。

爸爸说："其实不需要什么特殊的方法，自控力是在日常生活的小事中逐步磨炼出来的。比如早上选择按时起床，还是再赖会儿床；选择看精彩节目，还是去完成作业……这都是对一个人自控力的考验。如果你在小事上能够加强自控力的磨炼，那么以后遇到大事，也就能表现出较强的自控力。"我听后觉得很有道理，决定尝试一下。

为了进一步增强自控力，我制订了属于自己的"自控指南"：控制时间——列时间表，并严格执行，使学习、生活更有规律；控制看电视的时间——拒绝熬夜，到点了就要休息；控制承诺——承诺了就必须做到，不能言而无信；控制目标——订下学习小目标，一步步去实现。就这样，一学期下来，我终于戒掉了电视瘾。

爸爸对儿子说的悄悄话

实践表明，一个人自控力的强弱，对完成一件事情，甚至对其今后事业的成败都有着非常重要的影响。而对处于青春期的男生来说，如果具备较强的自控力，就能做到专心听讲，自觉完成老师布置的作业，同是发展自己的特长，让自己变得更优秀。

有时，一些小小的克制，也会使人变得坚强。因为人的具体活动受到思想的控制。要想控制思想，首先要明白自己想做什么、能做什么、该坚持什么。当我们明确了这些之后，就应该为自己的行为定下一个准则，继而利用这个准则来控制自己的行动。

当然，人要想掌控自己的思想不是一件容易的事。在我们进行活动的过程中，为自己定下的准则也许会因为一些突发情况而时不时地受到影响，这时，我们就要开始检讨自己的行为，思考自己的得失，经过思想斗争才能重新夺回思想的控制权。比如，有的人正在学习，看见其他同学去打篮球，自己的心也被牵走了，从而无心学习；有的人知道看电视时间太长对身体不好，但还是不能战胜电视对自己的诱惑。在这些时候，我们必须掌控自己的思想，进而才能主动地支配自己的行动。

在我们控制思想的过程中，要多提醒自己改变初衷和计划的后果，还应该提高自己的综合素养。一般来说，综合素养高的人往往能够更为理性地分析和解决问题，坚决抵制外界的诱惑，保持清醒的头脑以克制自我。

做事要果断，不要武断

爸爸以前当过兵，从他的身上我看到了军人应有的刚毅与果断，但我似乎不具备这个优点。我平时做事情容易一时兴起，不管后果，很少三思而行，所以经常会做错事。

这天上午第三节课后，我正兴致勃勃地玩着爸爸给我买的新手机，突然腹部感到一阵绞痛，于是我放下手机连走带跑地奔向了厕所，等我从厕所出来整个人都轻松很多。回到教室后，我发现课桌上的手机不见了，这可把我急坏了，爸爸知道了肯定会狠狠地教训我。我到处寻找，发现手机在同桌小力手上，他还站在窗边用我的手机打电话。他擅自用了我的东西却没有和我打招呼，真是太让我生气了。我立刻冲到他的面前抢回我的手机，同时还骂了他几句。他刚准备解释，上课铃就响了。

最后一节课我都没听老师讲什么，只是生气地想，放学以后我一个人走，以后再也不搭理小力了。好不容易挨到了放学，我收拾课本准备离开。小力过来说：“你妈刚打电话过来你不在，我帮你接了，她说晚上有事晚点儿回家，让你自己解决晚饭问题。”原来是这么回事啊，是

我错怪小力了。我也真笨，看手机记录就知道是已拨电话还是已接电话了，现在弄成这样。我立即向小力诚恳地道了歉。

爸爸对儿子说的悄悄话

儿子，生活中，有的男孩说话办事有时欠考虑，以至于做出一些草率、冲动的事情，到后来发现事实的真相才知道自己判断失误。这是由于这个阶段青少年的认知能力有限，社会经验也不够丰富，容易从主观出发来看待和考虑问题，从而导致很多误会的产生。就像你这次误以为同学借用手机没和你说一样，你当时太在意新手机的去向，所以忽略了同学的人品。要知道，凡事都要先经过理智的分析，不能单凭一时冲动，否则结果可能是片面的。

武断做事的人不论场合，不管对象，一律按照自己的想法与喜好进行处理，其结果往往会让自己感到后悔不已，甚至还会为此付出巨大的代价。

有自己的想法是对的，但是要注意自己的言行。平时要多提升自身的修养，遇事多冷静思考，让自己变得更加成熟、稳重。

合作才能共赢

学校马上就要举行拔河比赛了，很多同学都很兴奋，因为又可以为班级争光了。班主任说："拔河考验的是同学之间的合作精神，所以只要'人心齐'，就可以'泰山移'。也就是说只要方法得当，密切配合，那么就能取得好成绩。大家一起努力！"

离比赛还有一个星期的时间，我们班就开始进行训练。刚开始，大家都分散用力，没拔几下就"全军覆没"了，所有同学都摔在了地上。一时间埋怨声四起，大家都互相责怪。当时，我也特别气愤，心想：这些人太没有默契了，都不知道齐心一点儿。要知道，只有团结一致，才有希望获胜。就这样，训练的第一天，全队解散了，谁也不搭理谁。第二天大家重新开始训练时，我提出了自己的看法。这次，我们一边练，一边分析总结，找方法，找技巧。先合理安排人的位置，然后一起喊拍子，全体一起向后用力，大家用脚相互支撑，找到着力点。经过一番磨合，我们的训练效果越来越好。在烈日下，我们练了许多遍，同学之间也都学会了互相鼓励。后来每次训练，虽然每个人都筋疲力尽，但自始至终都没有人再说抱怨的话。

全班同学一直都这么训练着，直到比赛那天。这场比赛我们拿了一

个很好的名次，同学之间的友谊也深厚了很多。通过这次训练，大家学会了合作，相信这也是我们参加比赛最大的收获。

爸爸对儿子说的悄悄话

儿子，正如你所看到的，班级是一个集体，需要不同的人才、不同的分工。个人的力量有时是微不足道的，集体的力量更加强大。而社会更是如此，21世纪最需要的是有交往能力的人。伴随着知识经济的发展，社会分工也越来越细化，人与人之间更加强调合作。

很多人在做事的时候都会有一种势单力薄的感觉，但是如果多找几个人合作，那么一定比自己单独工作收获的成果要大。总之，与人合作有很多好处。就一个团队而言，每个人都拥有着与众不同的背景、兴趣和优点，而且这些东西往往在合作当中可以发挥很好的作用与价值，也可以实现更好的协调与互补。大家在一起合作还可以催生出更多的创意。团体的一致性和认同感让人们都很自然地融入自己的团队当中，这也是团队的精神所在，在这种精神的引导下，团队的每一个人都可以更大限度地实现自己的价值。人们经常说“团结就是力量”“众人拾柴火焰高”，一个团队的成功一定离不开团结协作。

人生在世，虽然有时候通过个人的努力可以做成一些事情，但是一个人如果总是以自我为中心，那么这个人就永远无法体会到团队合作带来的成功的喜悦。你今后做事也应该善于合作，这样就能少走许多弯路，通向成功的大道才会更加平坦。

第九章

人际合作：学会与人和谐相处的秘诀

卡耐基说：“一个人的成功，15%依靠他的专业知识，而85%则是依靠他的人际关系。”人生活在社会中，就免不了要与他人打交道，而人与人之间的相处则建立在相互沟通、理解的基础上。个人的成功通常是建立在团队中其他人的帮助和支持的基础上的，所以掌握与人和谐相处的秘诀就容易获得其他人的帮助和支持。平时学会宽容待人，多关心、帮助别人，那么自然会有良好的人际关系。

倾听是对别人最好的尊重

欧阳亮是我们班上的宣传委员，学习成绩非常好，很受同学们的喜爱。他是一个乐于助人的人，也是一个愿意耐心倾听别人讲话的人，不论对方讲得有多慢，或者说得有多乱，他总会认真地倾听。

不知道是不是因为这样，他的人缘特别好，我也想和他成为好朋友。我很羡慕他那么有耐心，不像我每次听一半就不耐烦。我很奇怪，为什么连女生都喜欢和他聊天，为什么他能使不高兴的人变得快乐起来，能化解人与人之间的矛盾……在班里，他赢得了所有人的尊重，老师也很喜欢他。

爸爸对儿子说的悄悄话

儿子，善于倾听是一种很高的素养。认真倾听别人讲话，也是对对方的尊重，而说话者也往往会把忠实的听众视作可以信赖的知己。不过有的人比较喜欢表现自己，只愿意别人听自己说，而不愿意去听别人说。

倾听是对他人的一种礼貌。专心地听别人讲话，是人们所能给予他人的最好的尊重。不管说话者的身份是什么，老师、同学、亲人、朋友或者是陌生人，倾听所取得的效果是相同的。人们往往更关注自己的问题和兴趣，同样，如果有人愿意认真听你谈论自己，你也会马上有一种被关注与重视的感觉。如果我们只是敷衍地倾听别人说话，而不用心去洞察对方的心意，那就无法实现双方交流的目的，那样只是在浪费时间，这种倾听并不能达到有效的沟通。真正的倾听是要用心、用眼睛、用耳朵去听。

所以，要想成为一个优秀的人，首先要学会倾听，一个善于倾听的人，才会有人乐于向你倾诉，才会更容易交到朋友。试想，一个不善于倾听的人，别人刚刚开口，他就一句话把人顶回去了，久而久之就没人再找他交谈、沟通了，这样的人怎么会交到朋友呢？

学会倾听是加强人与人之间沟通和了解的有效途径。通过倾听，你还能了解对方的看法和心中的困惑，或许还能让你得到一些人生启迪。当你真心实意地了解别人的困惑和问题后，再想办法帮对方解决，会使对方更加信任和尊重你，把你当成他的知心朋友。学会倾听也是自身良好修养的体现，倾听不仅能让你交到更多的朋友，在今后的学习和工作中还有助于你更快地取得成功。

让诚信成为你一生的品牌

小时候我对“诚信”两个字并没有什么概念。记得刚上初中的时候，有一次，我向同学借了一本非常有趣的漫画书，并且承诺只借一天。可谁知当天老师布置的作业比较多，我晚上根本就没有多余的时间去看。睡觉前我就在想：明天还书的时候干脆就说自己忘记带了，这样就有充分的理由再拖一天，明天回家后我就可以看完那本有趣的书了。

然而，就在我做出这个决定后准备心安理得地睡觉时，妈妈加班回来说的一席话让我改变了想法：爸爸和妈妈在客厅小声聊天的时候说起单位的一些事情，我模模糊糊地听到他们在说一个企业因为没有按时归还银行的贷款，后来给好几个为它担保的企业带来了麻烦，弄得现在很不好处理。这不正是没有诚信所造成的后果吗？我联想到自己今天的事，决定坚决不能做不讲诚信的人。于是，第二天我找同学说明了原因，将那本书还给了同学。后来，同学又主动将书借给了我，并让我痛痛快快地看了两天。这样的小事多了，我在同学之中的诚信度也变得越来越高。

爸爸对儿子说的悄悄话

诚即诚实，就是忠诚老实、实事求是，不说一套做一套，言行举止保持一致；信即守信，就是言而有信、恪守信约，说到做到，履行自己的诺言。信以诚为基础，有诚才会有信。

那么，诚信品质应该如何培养呢？总体来说，要从生活小事做起，只有养成良好的习惯才能拥有诚信。培养诚信品质需要做到以下几个方面：

首先，要能考虑到他人，替他人着想，自己有诚信，别人才会相信你，才会对你讲诚信。

其次，要培养自己的意志力，增强独立性。处于青春期的学生有时具有从众心理，例如考试不作弊的学生反而被有的人讥笑为“傻瓜”。在这种不良的从众心理影响下，有的学生很难形成积极健康的自我意识和自我价值观。如果哪天突然失去了这种从众的氛围，那么这类人就很容易迷茫，找不到自己努力的方向。因此，培养自己的诚信意识在一定程度上也要增强自己的独立性，只有凡事学会独立思考，才能避免受到别人的不良影响。

虽然有些学生在主观上觉得诚信很重要，也十分明白诚信的意义和价值，认为自己待人处世也应该讲究诚信，但在现实生活中却往往存在侥幸心理，比如希望自己作弊能侥幸不被发现，从而获得更好的成绩或利益。侥幸心理会产生很多不利后果，因为它的存在，人们常常会做出不正确的判断，错误地估计当前的形势，产生各种消极的心理暗示，在利益的诱惑下，丧失诚信，从而让自己迷失方向，误入歧途。只有脚踏实地做人，认真地对待每一件事情，才能让诚信成为一种习惯。

有诚信的人更容易在人际交往中受到别人的欢迎、尊重和信任。在交往过程中，拥有诚信品质的人往往能使自己结交到更多的朋友，得到更多的帮助，这对人的身心健康发展无疑起着非常重要的作用。可见，我们必须养成诚实守信的品质。要知道，诚信才是真正的无价之宝，如果失去诚信，那便把一切都失掉了。

换位思考，多为别人着想

最近，我迷上了一款新出的变形金刚，存了两个月的钱打算去购买，但是买的时候却发现涨价了，无奈之下我只有打电话给张蒙，让他借点儿钱给我。哪知道我说完以后，张蒙竟然拒绝了我。他给出的理由是他要买一本限量版的美术指导书，我知道他的业余爱好是画画，但是我很少向别人开口，一开口竟然碰了一鼻子灰，这让我感到很生气。我在电话里说他没义气，对兄弟太不够意思，谁知道他一句话也不说，我一气之下说要绝交，随后便挂断了电话。

事后想一想我觉得自己做得有点儿过分，于是决定周一去学校跟张蒙道歉。没想到的是，张蒙把这件事情和我们班上的同学说了，并且建议大家都不要借钱给我。听到这些，我真是火冒三丈，这是什么人啊，我怎么会有这种朋友，我以后再也不搭理他了。

晚上爸爸听完我的“控诉”以后，并没有帮我说话，而是让我冷静思考，建议我换一个角度来看问题，多站在对方的立场上想一想，如果换作是我，应该怎么做。

爸爸对儿子说的悄悄话

儿子，换位思考，顾名思义，就是换个角度思考问题，设身处地为他人着想，理解对方，这样就会减少双方之间的误会，多些谅解。谅解是理解的一个方面，也是一种宽容的表现。每个人都有被人冒犯和误解的时候，如果对此一直都心存不满，耿耿于怀，那么心里的疙瘩就很难被解开。如果我们能够设身处地地体谅对方的处境，想想如果是自己遇到这样的问题该怎么办，那么或许就能达成谅解。一般情况下，只要不涉及原则性问题，都是可以谅解的。毕竟人与人之间相处还是宽容一点儿、体贴一点儿比较好。

在这个社会中，每个人都不是独立存在的，总会直接或间接地影响到彼此。懂得进行换位思考，多为别人着想，那么双方才能和谐融洽地相处下去。同样，你现在面对的问题也是如此。你希望别人能借钱给你，好实现你买心爱玩具的愿望，而别人同样也有自己的喜好，既然他不能帮你完成心愿，那何必强人所难。虽然朋友阻止他人借钱给你，在做法上有些欠妥，但也不是不可原谅。也许他有自己的理由，只有你主动去了解事实的真相，与朋友多沟通、交流，才能明白他内心真实的想法。

多为别人着想，也可以练就好的气度。因为为别人着想，有时候也需要牺牲一下自己的利益来成全别人。

多为他人想想，多从身边一点一滴的小事做起，例如朋友伤心时，你要多去安慰，多去体谅，多去倾听；与人发生争执时，你要多检讨自己，多考虑对方的感受，尽可能和平解决……这些都是我们力所能及的。

幽默多一点儿，人缘好一点儿

每当看到其他同学侃侃而谈，面对女生幽默风趣，走到哪儿都带去欢声笑语，耀文都会很羡慕。好友耀文自从进入初中以后，很少和同学说话，周围的人都觉得他比较腼腆，性格比较内向。虽然耀文也很想融入新的集体中，但总是缺乏勇气。

我告诉耀文说人缘好的同学性格都比较外向，喜欢开玩笑，而且大家也都很乐意接受这种表达方式，只要无伤大雅，为了活跃气氛，说一

些小笑话，既可以使大家放松紧张的心情，也可以适当缓解学业压力。如果你能适当地变得幽默一点儿，就会逐渐被大家所接受了。

经过我的提醒与耀文的细心观察，他决定向班上人缘较好的体育委员学习，并努力和他成为朋友。和这种类型的人做朋友以后，耀文发现自己说话不再那么拘谨，变得有些幽默感了。幽默感帮助他逐渐消除了与同学间的陌生感；当他不小心说错话或者犯了小错时，幽默也能轻松地化解尴尬，让他摆脱困境。我很开心，因为我知道耀文终于通过自身的努力掌握了开启人际交往大门的钥匙。

爸爸对儿子说的悄悄话

人缘，其实就是指一个人的人际关系。一个人是否有好的人缘，往往会直接影响到他今后的生活、学习和工作。那么，如何才能获得好人缘呢？

首先，用幽默感来获得好人缘。幽默感可以后天培养，你主要可以从以下几点入手：在学习和生活中主动接纳各种不同的人、事、物，使自己的性格变得开朗起来；还要时刻保持愉快的心情，这对培养幽默感也很有帮助；平时可以多积累一些幽默素材，比如看漫画和笑话，与人交流时可以应用上。

其次，要塑造良好的公众形象。最基本的就是要给人一个好印象。毕竟第一印象是很重要的，如果你干净整洁，举止文明，谈吐大方，那么接下来的人际交往也会顺利得多。

再次，要注意全方位了解别人。人们在互相交往中，有共同的话题很重要。如果你对一个人不了解，那么双方在感情上就必然有距离。一个人性格的形成，通常跟他的家庭环境、所受的教育和经历等有很大的关系。我们在观察一个人性格的时候，最好也要了解他的相关资料，知道对方性格形成的原因。这样，你就更容易理解他，体谅他，帮助他。慢慢地，等你们相互增进了解之后，就有可能成为好朋友。

需要注意的是，两个性格不同的人在一起，由于各方面的差异，可能会很快发现彼此的长处和短处。世界上的一切事物都不可能是尽善尽美的，每个人都会有缺点，我们对人不能求全责备，而要及时发现别人的优点，相互取长补短，才能共同进步。

最后，与人相处也要注意讲究不同的方式。不同性格的人有不同的特点，要善于针对这些特点采取相应的交往方式。

总之，要想获得好人缘，需要从多方面着手。你要养成良好的品德，心胸宽广、做人厚道、善于倾听、真诚待人，这些都是必不可少的。再就是要多参加聚会，融入集体生活，学会同不同性格的人打交道。相信通过你的努力，一定能交到更多的朋友。

好面子，就要讲哥们儿义气吗

进入初中以后，我和“死党”黎辉、张蒙、耀文联系得越来越少了，因为大家现在都有自己的交际圈，所以想约在一起也不是太容易了。加上现在班级里三个人一伙，五个人一群，迫于形势，我也只能寻找属于自己的“队伍”，好在我找的几个朋友都跟我很合得来，我遇到什么困难他们都会出手相助。

因为大家承诺要有福同享，有难同当，所以每次家里给的零花钱我都会用来请大家一起吃顿好的。加上我的学习成绩还不错，所以我在这个圈子里人缘很好。

一直以来，“义气”二字对我很重要，所以每次朋友有需要帮忙的地方，我也会不遗余力地帮忙。有一次，朋友因为说话语气太冲，与几个低年级的同学发生了口角，为了报仇，大家约好一起去教训一下带头的那个学弟。我选择帮他们把风，因为我不想去主动伤人，但这次他们打完后让我也“表示”一下，碍于面子，我也过去踢了那个学弟一脚。学弟因为受伤严重，进了医院，他的父母把我们几个都告了，爸爸妈妈赔了对方不少钱，才使这件事情平息下来。我很后悔，当初怎么那么冲动呢？

爸爸对儿子说的悄悄话

儿子，青春期男生有时很讲江湖义气，但是做任何事都要以法律为准则，否则这种江湖义气就是盲目的，很容易给自己和他人带来伤害。通常情况下，朋友之间互相帮助并没有什么不可以，团结友爱也是父母和老师都希望看到的，但帮忙时一定要有正确的是非观，千万不能做违法犯罪的事情。今后如果你再遇到此类问题时，要记得保持一份清醒、理智的心态。当同学之间互帮互助和原则问题发生冲突时，你应该以遵守法律为重；如果一味地讲究面子，以义气为重，那么到头来会害了你自己。

要想把义气之害降到最低程度，你首要的任务是学法，只有懂法才能保证自己不违法。你要始终具有法律意识，当你冲动的时候，它会帮助你及时保持清醒，理智地面对问题。

人生在世，要有自己的原则，有所为，有所不为。做好人，办好事，存好心才能有好报。当然如果是以讨好别人为出发点，以情面为准则，那结果也必定不会如你所愿。

所以，儿子，凡事都要有个度，朋友之间的义气也一样，不能因为好面子而不分是非。既然现在你已经得到了教训，今后为人处世更应该谨慎小心。

不做“好好先生”，要懂得拒绝

新学期开始以后，为了方便学习，我又住校了。为了和寝室同学搞好关系，我花尽心思，对于他们的请求都有求必应，连不属于我的值日我都会帮忙。虽然很辛苦，但总算有回报，寝室的干部评选活动中，我以较高的人气被大家推选为寝室长。原以为以后会轻松一点儿，哪知道这才是噩梦的开始。

当选寝室长以后，我要管理的事情更多了，加上课业繁重，我整天焦头烂额，都无暇顾及自己的学习。老师找我谈话让我把心思多放在学习上，但我又不好意思拒绝同寝室同学的请求，一时之间，把自己弄得疲惫不堪。我很想让其他寝室成员帮我分担一下寝室杂务，但刚说出口，大家就找各种各样的理由拒绝了我。当初因为有他们的鼎力支持，所以我才能成为寝室长，现在我也不好去指责他们，免得被人说成“忘恩负义”。

后来我因为学习忙碌，值日的事情很少帮他们的忙了，寝室同学对我产生了很多抱怨……在处理学习和同学关系之间我真的有点儿应付不了，我真不想住校了。

爸爸对儿子说的悄悄话

儿子，想做个有求必应的“好好先生”并不是一件容易的事情，要知道，人们的要求和欲望是永无止境的，如果最初你不好意思拒绝别人，轻易答应了自己无法履行的职责，那么以后将会带给你更大的困扰。

虽然人们常说助人为乐是做人之根本，但这并不代表要做一些力所不能及的事情，当别人向你求助时，如果遇到自己不能解决的问题该如何拒绝呢？有些人在拒绝别人时，因感到面子过不去而说出一些模棱两可的话，这样会导致对方摸不清你的想法，从而产生一些不必要的误会。就像是当你回答对方请求时说：“这件事做起来似乎有点儿困难。”你本来是拒绝的意思，但对方听起来会认为你同意了，如果你最后没有做到，对方反而会埋怨你没有信守承诺。所以，有时候明确地拒绝也是很重要的。

当然，大胆地说“不”是不太容易的。有的人喜欢对方以直截了当的方式来告诉自己被拒绝的理由；而有的人则需要以含蓄委婉的方式拒绝，以免伤其自尊……所以拒绝别人的时候，要针对不同的人采用不同的拒绝方式。

爸爸在这里给你支几招：

根据对方的性格，你可以直接向对方陈述拒绝他的客观理由，包括说出自己近期的状况，或者是各种条件限制等。通常这些状况是对方也能理解和认同的，因此也能谅解你的苦衷，不会对你产生误解。

如果你实在不好正面拒绝，那么可以采取迂回的战术，你试着转移话题也好，或者另找理由也好，主要是善于利用语气的转折，表现出一种温和而坚决的态度，让对方明白，你是绝不会答应他的要求的。比如，先向对方表示同情，然后给予一定的赞美，稍后再提出自己的理由，最后再加以拒绝。由于先前对方在心理上已经因为你的同情而拉近了两人的距离，这时候的拒绝对方也较容易接受。

和好朋友发生冲突了，怎么解决

我和黎辉认识差不多有5年了，因为我们住得很近，接触较多，很快就成了无话不谈的朋友。我的性格温和，他的性格急躁，但我们的关系一直都很好，有共同的兴趣爱好。我曾经一度认为他是我这辈子最好的朋友。每次我向周围的朋友介绍起黎辉来都说这是我最好的哥们儿，言语之间充满自豪和骄傲。

昨天因为一件小事我和黎辉在电话里争了起来，现在都不记得是什么原因了。当时我心里有点儿不舒服，说了几句就直接挂掉电话了。当天晚上，我在QQ 上看见他的签名改成了：“没见过这么没脑子的

人。”我一下子就火了，第二天跑到他们学校去找他理论，看见他打篮球没搭理我，我一下子冲上前去，和他厮打了起来。之后，我们再也没有说过话。

后来张蒙跑来说我误会黎辉了，他的网上签名根本就不是针对我的。我一下子就后悔了，那天为什么那么冲动，不问清楚就去和黎辉打架，可我又不好意思向他道歉，我该怎么办呢？我好苦恼。

爸爸对儿子说的悄悄话

儿子，同学之间或好朋友之间往往会因为一些鸡毛蒜皮的小事闹矛盾，这是很正常的事情。也许是因为朋友一句无心的话，也许是因为朋友的一个动作或者眼神……总之，既然是朋友，就不存在长久的怨气。仔细想一想，其实很多时候，生气的原因只是一件微不足道的小事，及时地道歉认错，事情就过去了。特别是男子汉更应该有勇气去承认错误或者包容对方的错误。

儿子，无论你与朋友之间有怎样的矛盾和冲突，生闷气和打架都不是最好的解决办法，只有真诚地沟通与交流才能有效地解决问题。如果是你的错，你一定要拿出勇气向朋友道歉，等到事情说开了，朋友还是朋友。如果不好意思当面讲，那就给他写个纸条或发条短信吧。或许你的朋友也有这样的想法，也可能是碍于面子而不好意思开口呢。找个机会，和他说话，或者冲他笑一笑。如果在他遇到困难时你能及时给予帮助，那就再好不过了。

有朋友总是一件开心的事，要好好珍惜朋友之间的友谊。很多时候，朋友伤害你也是无心的，当时正在气头上，可能没有考虑那么多。在生活中，你只有学会宽容，学会谅解，才能够让友谊更加长久。

学会宽容，拒绝做小心眼儿

由于我在班干部的评选中得到的选票超过沈雄，当选了班长，我和沈雄很久没有说过话。后来在班主任的调解下，我们重新成了朋友，但好景不长，没过多久，我和他之间又出现了矛盾。

不过这一次，是因为我们支持的球队不同。这本来是一件很小的事情，但当时沈雄因为过于激动，当众骂了我的偶像，这是我非常不能容忍的。之后，我便和他打了起来，并且有很长一段时间都不再理他。后来，我们见面开始打招呼，但关系却没有以前那么好了。

过了一段时间，因为篮球比赛的事情，我们又聚在了一起，这一

次看比赛时沈雄没有以前那么容易激动了，但是看到紧张的地方，他仍会不由自主地骂我支持的球队，周围的人都紧张地看着我。我想起了爸爸经常告诉我的话：遇到问题不要冲动，打架是解决不了问题的。所以这次，我没有还嘴，而是心平气和地跟他讨论。我想等他冷静下来，他自然会认识到自己的错误。果然，第二天，他打电话向我道歉，承认自己前些天太激动了，不应该在那种场合说出不礼貌的话。我仔细想了想，也为自己以前的冲动向他道了歉。就这样，因为宽容，我们之间的不愉快烟消云散，我们的关系变得越来越好了。

爸爸对儿子说的悄悄话

儿子，这件事你处理得很好。有时候，朋友说出一些让我们难以接受的话或做出一些让我们不满意的事，都是情有可原的，我们用不着做出那么过激的反应。要知道，人非圣贤，孰能无过，只要改过就好。其实，人的思维也好，情感也好，在与他人交往的时候都处在一个动态的过程中，其间会有多种思维和情感彼此交织在一起，并发生相互作用。爸爸相信只要你的朋友经过冷静思考意识到自己的错误后，他一定会通过适当的方式，向你表达他的歉意，以解除你们之间的误会。

所以，在与人交往的过程中，因为一言不合，彼此之间就耿耿于怀，甚至老死不相往来，这些都是心胸狭窄的表现。我们应当相信自己或朋友的自省能力，宽容待人，这样就能拥有长久的友谊。

宽容也能让你的心态变得平和。要知道，生活不可能都尽如人意，只有放松心情才能每天都阳光明媚。宽容也是一个人成熟的标志，学会了宽容，人才能更好地成长与进步。有时候你给别人多一点儿时间与空间，也就等于是给自己多一点儿回旋的余地。你给予别人的是理解和宽容，别人也会回报你，让你得到温情或者安慰。人们只有经历了风雨，才能领悟到人生的苦与乐，才能知道人生中应该忘记什么，原谅什么，放弃什么，学会什么。

当然，宽容不是没有底线的，宽容也需要有一个度。宽容不代表妥协，不是一味地忍让，不是毫无目的地迁就。在生活中，只要把握好宽容的尺度，就能与人和谐地相处。宽容别人的人，他的心中流淌的是愉悦；被别人宽容的人，他的心中绽放的是感激。

拒绝自私，分享才有快乐

为了提高我的学习成绩，爸爸妈妈这段时间帮我买了很多学习资料，我自己也认真地根据重点进行了整理。谁知道我在学校里看的时候被好友阿力看见，他请求我借他复印一下，我很不愿意与人分享自己的学习资料，毕竟多一个竞争对手就多一分威胁，所以我就随便找了一个理由拒绝了他。下午上自习的时候，他抱着自己的资料朝我走过来，说这些是他叔叔多年工作总结的精华，让我一起参考一下。阿力的叔叔是学校有名的优秀教师，他培养的学生有很多考上了名牌大学。看到阿力这样，真让我有些惭愧，于是我也拿出了自己的资料，与他一起研究起来。

本以为这件事情到此就结束了，谁知道，第二天我再去学校，便发现很多同学的手上都有我的资料，细问之下才知道，原来阿力已经把手上的资料发在群里与全班同学共享了。得知这一消息后，我火冒三丈，但当时又不便发作，所以我只能一直忍耐着。不过下午上自习的时候，我手上也多了很多新的资料，原来同学们为了感谢我和阿力，决定全班一起进步，所以大家纷纷拿出自己的资料进行分享。这一刻，我体会到的更多的是感动，无言的感动。看来，只有学会分享才能够让自己更快乐。

爸爸对儿子说的悄悄话

儿子，你学会了与人分享，爸爸很高兴。分享是一种理念，也是一种双向的沟通，彼此相互给予，才能共同拥有。分享是与他人共享自己的快乐、悲伤、思想、经验。善于分享的人更受大家的欢迎。分享能够促使人成长并走向成熟，要知道，没有分享的人生，无论面对的是快乐还是痛苦，都是不完美的。好的心情如果能够与人分享，那么快乐就会加倍；痛苦如果能够被人分担，那么也会相应减少。分享是互利的，也是双赢的，聪明的人都会懂得分享。

在生活中，我们离不开分享的快乐。当我们去参加朋友的生日聚会，去体会他们的喜悦之情，给他们送去真诚的祝福，是一种分享；当我们去一个好的地方旅行，照了很多照片，回来以后和周围的人一起欣赏美景，也是一种分享；当我们得知一件商品物美价廉，去和身边的朋友介绍，大家也都会其乐融融……这样的大事小事还有很多，都是值得我们一一去回味、去分享的。

因为多了些朋友，我们变得更加快乐；因为有了分享，我们会感觉更加充实。

第十章

学而有术：让学习成为快乐的事

一个人的学习和工作是否成功，在很大程度上取决于他是否热爱，以及能否发挥其积极性与主动性。虽然学习是一件很辛苦的事，但它同样也具有无穷的乐趣。我们应该把学习当作一件快乐的事，而不是一种负担。当你能用知识来理解这个奇妙无穷的世界时，当你在学习中收获惊喜时，你就会发现，学习的过程是如此的轻松、快乐！

儿子，你在为谁读书

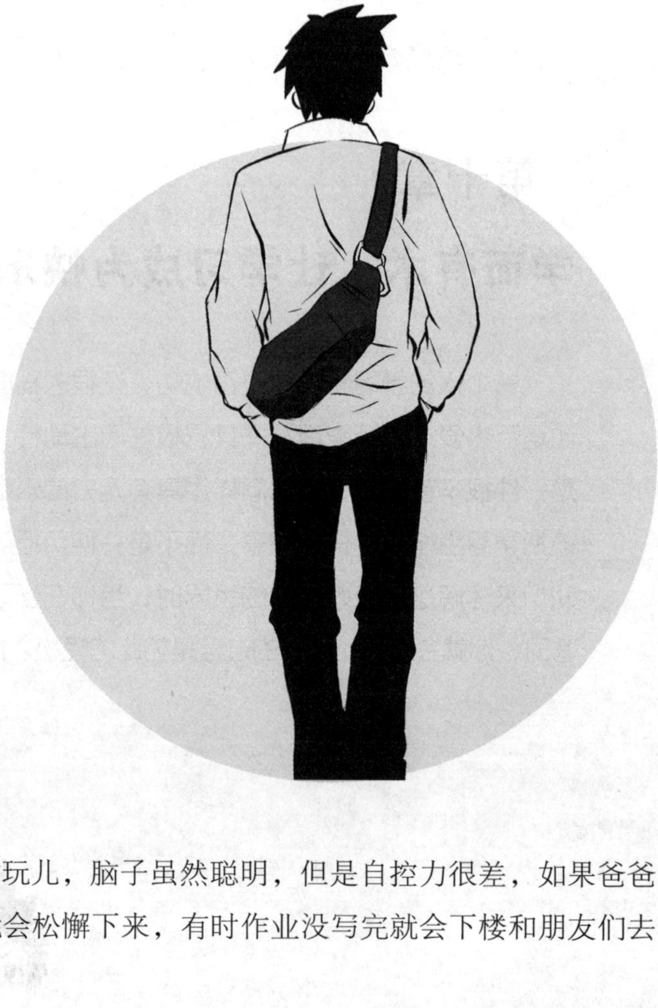

平时我比较贪玩儿，脑子虽然聪明，但是自控力很差，如果爸爸妈妈不管我，我就会松懈下来，有时作业没写完就会下楼和朋友们去玩儿。

前一段时间，爸爸妈妈的高压管教很成功，我的考试成绩很不错，名列班级前三名。我很开心，因为爸爸考试前说过，如果这次能考好，他就会让我自己安排学习时间。所以，爸爸这个月对我放松了许多。由于获得了“解放”，我开心极了。总算自由了，这下我可以肆无忌惮地玩耍，再也不用受任何约束与控制了。此后一段时间，每个周末，我只花半天时间就能把作业全部做好，用一天半的时间在小区里与朋友们玩耍。

但是好景不长，接下来学校的模拟考试我的成绩一落千丈，期末考试考得更加糟糕，爸爸看不下去了，又开始对我进行严格管理。我想，我真是太不自觉了，没人管束成绩就下降这么多。难道我不能自觉吗？难道我是为别人读书吗？

爸爸对儿子说的悄悄话

儿子，你要记住，学习永远是为了自己。

诚然，学习是辛苦的，很多青春期的少男少女都是在父母的严格管理下学习，所以感觉非常痛苦。但是不经历这个过程，将来就会更加辛苦。只有具备真才实学，才能立足于社会。如果不想被社会淘汰，那就应该努力学习，学习好了，最终受益的还是你自己。

一个人要从懵懂的婴儿成长为能够适应社会发展需要的人才，唯一的途径就是学习。只有掌握了知识和技能，才能适应社会变化以及满足自身发展的需要；只有具备了各种能力和素质，才能使自己在社会中立于不败之地。虽然学习过程很漫长，也很辛苦，但只要你摆正心态，就不会感觉那么枯燥乏味。如果一个人将“为自己快乐而学习”的思想变成了“为应付家长而学习”，那么，他就很难保持持久的学习热情和学习动力。

另外，我们做父母的也会注意管教方法。可能以前我们只是在不断施压，没有掌握好分寸，加上有时我们会把你的学习成绩当作对你进行奖励的标准，这样也容易让你的情绪出现波动，从而造成彼此之间的矛盾。长此以往，你可能会忘记学习的原始动机，失去求知的动力和学习的乐趣。

为了你自己的美好未来，你一定要把握好学习的黄金时期，抛弃为父母读书的思想，培养自己的理想与信念，为自己的未来而努力奋斗。

别因为对老师有偏见就不好好听课

我的英语是各门功课中较为薄弱的一门，并不是我对英语这门课没有兴趣，而是我对教英语的老师有意见。原来的英语老师很对我胃口，我很喜欢他的教学方式，但后来他被调走了。新来的英语老师虽然能力很强，但不苟言笑，整天板着一张脸，而且总是觉得我们问的问题没有水准，所以我对这个老师很不满意。

有一次，老师在课堂上提问，我没答上来，他就批评我，说我不认真听讲。我觉得老师是故意在同学面前让我丢面子，所以很生气，就和他顶了几句嘴，结果被他罚在课堂上站着听讲，一直到下课才能坐下来。从此以后，一上这个老师的课我就头疼，也不喜欢英语这门课了。

这种情况一直持续了大半个学期，我的英语成绩也下降了不少，我很苦恼，也很担心，再这样下去我连一所像样的高中都很难考上了。没过多久，英语老师把我叫到了办公室，我以为他又要责备我，谁知道他和我谈起了心。他发现我这段时间的变化以及对他的态度，他说自己过于粗心，没有考虑到我的感受，之后又劝我不要因为对他的印象不好而影响到学习。经过这次交谈，我的心结慢慢解开了，也明白了老师的苦衷，并对自己的行为感到羞愧，相信在老师的帮助下，再加上我自身的努力，学习成绩一定会有所提高的。

爸爸对儿子说的悄悄话

儿子，每个人在学生时代都可能会遇到自己喜欢的老师和不喜欢的老师，如果仅仅是因为老师而讨厌一门课，放弃对这门课的学习，最终影响自己的成绩，这值得吗？

每个老师都有自己独特的教学方法和风格，有的学生能接受，有的学生却不喜欢。这都是很平常的事，关键在于你以什么心态去面对这个问题，但这并不能成为你和老师作对的理由。

从你是否喜欢某位老师这个问题上，可以反映出你能否全面客观地认识一个人，特别是当你长大进入更广阔的圈子后，你势必会面对各种各样的人，也肯定会遇到自己喜欢的人和不喜欢的人，到那时，你该如何与人沟通？如何与人平心静气地交流？这是你以后走上社会必然要面对的一个问题。

当你遇到不喜欢的老师时，你应该努力调整自己去适应环境，与老师建立良好的师生关系。只要你多与老师沟通交流，就会发现其实一切并没有你想象得那么严重，老师也有自己的优点，只不过你一直忽略了而已。

最后，爸爸想要告诉你的是：即使你面对自己不喜欢的老师，也不要影响学习，那样受影响最大的还是你自己。无论何时何地都不能因小失大，学会分清轻重，做个真正的勇者和智者。

克服偏科，均衡发展

这段时间，好友小武的考试成绩还不错，整体排名和我不相上下，但是他的语文成绩有所退步，这次语文考试刚刚及格。小武的爸爸妈妈和语文老师看到这种情况非常着急，小武自己也意识到语文成绩已经严重影响到他的总分数和排名，觉得有必要把语文成绩提上去。为此，小武告诉我说他决定集中精力努力复习语文知识。自从上一次语文考试后，小武一回到家就是背文言文，看作文书，默写词句，习题也做了不少，但是后来发现收效并不明显。这几天小武的自我测试连续出现不及格的情况。这样的结果让他的自信心严重受挫，他开始怀疑自己学习语文的能力。毕竟语文一直都是他的弱项，数理化他倒是很拿手，化学、物理经常拿高分。

现在，小武对语文学习产生了抵触情绪，认为与其在语文学习上消耗自己的精力，还不如把时间多花费在其他学科上，但是就这样放弃语文他自己又有些不甘心，继续努力又怕白白浪费时间。小武遇到的问题

究竟该怎么解决呢？

爸爸对儿子说的悄悄话

儿子，现在很多学生偏科比较严重，有的语文差，有的数学不行，有的英语较弱。其实学生在学习之初各科差距往往不是很大，但由于对科目喜爱的不同，加上后期偏科科目基础薄弱，时间一久成绩就会下降，继而出现学习信心不足、兴趣消退等情况。

如果不想让偏科给自己的成绩造成影响，那么就要努力培养对薄弱科目的兴趣，打好基础并掌握一些有效的解题方法。其实，只要掌握了科学的学习方法，用正确的态度对待薄弱科目，就能重新树立自信，把薄弱科目学好。

语文并不是靠死记硬背就可以学好的，主要还是靠理解记忆。虽然很多文言文让人感觉头大，但如果多思考，弄清时代背景，那么还是可以提高学习效率的。要想写好作文，应该多积累一些材料，只有多看、多听、多做、多经历、多体验，加大阅读量，让自己尽可能博览群书。书看得多了，自然会文思泉涌，作文也就容易写了。

当然，在复习的时候也不能顾此失彼，即不能把所有精力都用来复习薄弱科目，不去管那些拿手科目。正确的做法是在每天的复习中，要根据自己的情况合理安排时间，找出目前学习的问题所在，并加以解决，在进行基础知识强化训练的同时也要抽出时间去复习其他科目。

对于偏科生来说，克服对薄弱科目的恐惧心理也很重要。首先在心理上就不能怯场，我们要做的就是保持自己的优势，勇敢面对自己的劣势，只有这样才能让我们立于不败之地。

不要作弊，何必自欺欺人

一场模拟考试马上就要开始了，虽然考试前我做了充分的准备，但还是感觉有些紧张。试卷发下来后，我深吸了几口气，努力让自己平静下来，很快我便顺利地答出了第一道题。只要我正常发挥，可以说接下来所有的题目都能迎刃而解。可做到最后一道题的时候，我突然卡壳了。我一看题就傻眼了，这道题我非常熟悉，但复习的时候我认为不会考，所以就直接跳过去了，这下该怎么办呢？这道题18分呢！如果我做

不出来，考试排名肯定会落后很多，难道我这段时间的努力就这样白费了？想到这里，我急得直冒汗。

烦躁之下，我抬起头来看看周围，前面坐着的正好是我的好哥们儿，看他最后一题快解答完了，我暗自庆幸。于是，我尽量把桌子往前移：“阿力，最后一道题怎么做？”阿力说：“不行，我不能告诉你！”“求你了，考完试后，我请你吃麦当劳，再送你一个篮球。”“嗯，那好吧。”阿力听了条件后动了心，递给我一张纸条，我如获至宝地将答案抄了下来……

3天后，考试结果出来了，我因为抄袭得了很高的分数，爸爸妈妈看后都非常开心，同学们也很羡慕我。可我看着阿力的眼神却羞得无地自容，真想找个地缝钻进去。我有点儿后悔自己的不诚实了，只要一看到试卷上鲜红的分数，我的心情就无法平静，我该怎么办呢？

儿子，对于家长和老师来说，比起你考试得第一名，我们更加喜欢看到你真实的成绩，看到你认真学习的样子。遇到困难，我们应该一起想办法去克服它，而不是靠投机取巧来蒙骗自己。只要你努力了、尽力了，不管考试成绩是好还是坏，我们都会支持你的，毕竟那是你自己努力的结果。

考试只是对学生一段时间以来的学习效果进行检测的一种方式，应该实事求是地对待它。考试的目的只不过是让老师和学生彼此之间相互了解，老师可以通过考试的形式查出自己的教学漏洞，不断修正；学生则是检测自己的学习成果，看自己掌握的知识是否牢固，这也是证明自己能力的一个渠道。

考试作弊有很多弊端，无论初中高中，作弊的人总是把精力放在研究新的作弊方法上。其实，这对于不作弊认真考试的同学来说是不公平的，而且，一旦作弊，分数就不真实了，整体的排名也会掺有水分，这样做无法检测出自己的实力。

儿子，学习是为了掌握更多的知识，更好地适应社会的发展，而不是为了分数。虽然高分会让人开心，但如果父母得知高分是作弊的结果，反而会伤心。

作弊反映了一个人是不诚实的。不管是抱何种心态的考试作弊行为都体现出考生不诚实的一面。如果不努力学习，靠作弊应付一次又一次的考试，自己没有真才实学，那么今后到任何地方都无法立足。可见，作弊是一种自欺欺人的行为，最后受害的只能是自己。

制订学习计划，才能事半功倍

进入初三以后，我既兴奋又紧张，喜的是中学生活又过去了一年，忧的是课程繁多，试卷扎堆，任务量更加繁重，有种无从下手的感觉。大家的竞争非常激烈，为了考上自己心仪的重点高中，我开始没日没夜地学习。

我每天早上很早就起来了，在房间里大声朗读英语和文言文，记忆数学定理、公式等，上课认真听讲，下课就把老师讲过的内容复习一遍。为了达到目的，我连中午的休息时间都利用上了，一有空余时间马上就做练习题进行知识巩固，但常常不知道从哪门功课开始。晚上回到家后，我马上钻进书房，不到吃饭时间不出来。等碗筷一放下，我就马上开始新一轮的预习，预习完又开始写作业，直到半夜爸爸妈妈来催促我睡觉，我才会关上台灯。半个月过后，我感到筋疲力尽，但考试并没

有取得理想的成绩，这是为什么呢？是我还不够勤奋，还是这种学习方法影响了学习效率？

现在的我又烦又累，我很担心，照这样下去，我的学习和生活会变得一团糟。我该怎么办呢？

爸爸对儿子说的悄悄话

儿子，不同科目每天复习所占用的时间比例是不同的，你应充分看到这些差异，然后根据自己的优势和劣势制订科学、合理的计划，只有这样，才能真正做到事半功倍。

当然，凡事要从实际出发，每天的目标不能过多，心不能太急，讲求实效，学会量力而行。在制订计划之前，要充分考虑自己目前的实际能力和水平，找出重点，同时还要照顾到自己的身体情况。目标不要订得太高，如果难以达到还不如不制订。对于那些学起来感到比较吃力的科目，可以适当多分配一些时间；而对自己比较拿手且不太困难的科目，则相对少用些时间。

要注意和老师的教学同步、协调。制订学习计划的目的是提高学习效率，所以与老师的教学同步，才能更好地促进自己的学习。当然，学习也要张弛有度，留有余地。计划毕竟是一种设想，并不等于现实，真正实施起来可能还会有不适应的地方。你在将计划付诸实践的过程中，会面临各种各样的情况，如果一些突发事件影响了计划的实现，那该如何是好？所以要适当地留有灵活机动的时间。

在订计划前，你不妨先回忆一番，看自己进行各项学习活动都需要多少时间，经过思考与计算，相应地制订一个学习时间表。需要说明的是，你在科学地安排学习时间时，还应该充分考虑到自己在一天中学习效率的差异。研究发现，人在一天中的不同时间里，学习效率是不同的。上午的记忆效率要比下午高，而上午中又是以8：00~10：00这一阶段学习效率最高，到了下午1点左右的效率是一天中最低的，而在下午3：00~5：00这一阶段效率又趋于平稳，晚上8：00~10：00这一阶段比较适宜看书，或者进行预习，而在早饭前和临睡前，又比较适宜背诵和朗读。当然，具体到每个人身上时又会有一些差异，但基本遵循这个规律。

你也可以有“过目不忘”的记忆力

一天上英语课的时候，老师让我起来背诵，我本来是自信满满的，但背了几句以后就支支吾吾起来，怎么都继续不下去了。老师叹了一口气，摆摆手让我坐下。我很纳闷，昨天才背的单词和课文，怎么今天就忘得一干二净了？难道睡一觉后变糊涂了？晚上回家后我再次拿起课本又读了几遍，结果越看越烦，越记越着急，我这是什么破记性啊，老是忘。如果能像那些记忆天才一样过目不忘就好了，这样我的学习就不用发愁了。

第二天去学校以后，我也听到同学们有类似的抱怨，看来不只是我一个人这样，大家都希望能有一种改善记忆力的方法来克服遗忘，可是真有这种方法吗？晚上回家吃饭的时候，我对爸爸提出了心中的疑惑，爸爸说人的大脑功能只有很小的一部分被开发和利用，如果想要提高记忆力，首先要掌握正确的方法，因为人的记忆力的强弱在很大程度上是由记忆方法的差异决定的。爸爸还说光靠死记硬背是行不通的，记忆也要讲究技巧。原来是这样啊，爸爸的一番话说得我茅塞顿开，看来我以

后要改变一下记忆方法了。

爸爸对儿子说的悄悄话

儿子，在积极思考、达到深刻理解的基础上记忆材料的方法，称为理解记忆法。理解记忆所需要的基本条件是对原有材料进行思维加工。有些材料，例如科学概念、定理、范畴、法则、规律、历史事件等都是很有意义的。通常人们在记忆这类材料时，都不会采取逐字逐句强记硬背的方式，而是在理解含义的基础上，也就是借助已有的知识经验，通过思维来进行分析综合，把握材料各部分的特点和内在的逻辑联系，将之纳入已有的知识结构，以便保存在记忆中。要使理解记忆拥有全面性、牢固性、精确性及迅速有效性，还取决于每个学生对材料理解的程度。理解记忆的效果要比一般机械记忆有优势。所以，在背诵材料的时候，尽可能做到先理解、后记忆，而不是从一开始就逐字逐句地死记。

除了理解以外，还需要对记忆材料加以选择和取舍，从而决定自己重点记哪一部分，略记哪一部分，这种记忆方法称为精选记忆法。在你学习的过程中，有些信息是不需要记忆的，因为教材和笔记中有很多详细的说明，配上图片或者文字，加上同一类型的习题中，重点的内容都有公式推导出来的详细步骤，所以很好记忆。这样你可以拿出主要精力来记忆那些对考试来说最重要、最有意义、最有价值的材料，找到核心，选择记忆。要想考出好成绩，必须对所学知识充分消化和理解，然后精选出重点内容，把它们谨记于心。许多公式、定义、定理、定律是精髓和本质所在，要学会理解，学会牢记。要知道，考题是千变万化的，它要求灵活地运用公式或定理，绝不是要你去死记，所以要学会举一反三。

把记忆中的材料与自己体验过的事物相互联结起来，那么记忆效果就会更好。这种发散性思维就是要人们懂得联想，加以联系。在英语单词里，你会发现有发音相似的，有意义相似的，这些内容我们都可以利用相似联想法来帮助记忆。当然，联想的方法也是多种多样的。联想可分为相似联想、接近联想、对比联想等不同方法，它们都有着较为实际的用处，在不断地摸索过程中，你就会一一发现。

规划时间，把握玩儿和学的尺度

又到了我盼望已久的暑假，总算可以暂时摆脱考试带来的压力和烦

恼，好好玩儿几天了。同学们下午上课的时候都非常兴奋，大家都在计划这个暑假去哪里玩儿，还没有放学就已经热烈地讨论起来了。老师也理解大家现在的心情，嘱咐我们玩儿的同时要注意学习，要做到张弛有度、劳逸结合。可大家此时都听不进去了，心早就飞到了外面。回到家以后，我和爸爸妈妈商量这个暑假不上培训班了，由我自己来安排。经过我一番努力争取，他们总算是答应了。

开始几天我好好补充了一下睡眠，每天睡到很晚才起来，然后约同学去打篮球，晚上回家看电影。接下来几天去游泳、购物，中间还抽时间跑到农村的爷爷奶奶家到河边钓鱼钓虾、采摘莲蓬，每天玩儿得满头大汗，不亦乐乎。等我回到家准备做暑假作业的时候，和我最亲的表哥从外地过来了，他想到处去转转，于是我求他把我也带上。经过我的软磨硬泡，他终于同意带我出去了。不知不觉半个月又过去了，等到我拎着大包小包回来的时候，才猛然发现，暑假已经过去大半，马上就要开学了，可我的作业还一点儿没做呢！这可怎么办？看来我又要熬夜赶工了。

我坐在书桌前，看着一本本的习题，突然觉得很陌生，我满脑子都是玩儿的画面，难道真如爸爸妈妈所说，我玩儿野了，心收不回来了？如果把学习耽误了，那可真的是得不偿失了。

爸爸对儿子说的悄悄话

儿子，暑假是应该放松的，但也要注意张弛有度。学校通过放假给了你们充分休息和调整的时间，希望你们在完成学校统一布置的学习任务之余，还可以自由地选择一些有益的课外活动。然而，你却由于缺乏合理的安排，耽误了自己宝贵的时间。爸爸妈妈没让你上培训班并不代表让你放任自流，我们只不过考虑到你平时的辛苦，不想这时候看管过严，加重你的思想负担，但需要你有自控力，自己能科学管理时间。

暑假你可以进行一些户外运动，多接触大自然，多接触生活百态，在玩儿的同时有所收获，而不是盲目玩耍。还应该保证自己的暑假作业在开学前按时完成，当然不是要你在几天时间内突击完成，而是每天拿出2小时左右的时间有计划地完成。

即便放假了，也不要打破原来的作息时间，还是应该早睡早起，保持一个良好的心态、健康的身体。你也可以制订一个规划表：第一，列出每日必须进行的各项活动。比如睡觉、写作业、看电视、吃饭、外出、体育锻炼……第二，根据自己现在的生活习惯，排列各项活动的基本顺序，如起床、洗漱、早餐、做作业、看书……第三，测算各项活动的时间长度，列出大概时间。第四，根据劳逸结合、科学用脑、交叉安排、高效学习、痛快玩耍的原则列出时间表。

第五，根据一周的效果来调整作息时间表。毕竟一个适合自身情况的作息时间表不是一次形成的，这需要一段时间的适应与磨合，包括个人的执行情况，这样才能调整出最佳的作息时间表。

总之，如果想过好暑假，既要保持良好的心态、快乐的心情，还需要认真、踏实、坚持不懈，秉持有张有弛、劳逸结合的原则，让自己的暑假过得充实而有意义。

找对方法，学习其实很简单

马上就要迎接新一轮的考试了，由于上次考试成绩并不十分理想，所以这次我必须拼尽全力把名次追赶回来。经过对上次考卷的反思，我觉得主要是自己的学习方法出了问题。

仔细想想，最近在每天学习的过程中，我似乎挤不出多少时间进行复习。每天放学回家后吃完晚饭就开始做作业，完成作业通常在10点半左右，这时我已经开始昏昏欲睡，不会再想一天下来自己都学了什么内容，洗个澡后基本就上床睡觉去了。等到了周末的时候，我又感觉自己的时间非常不够用，出去补完课，回家做完作业，再按照老师的要求把应该背诵的内容背一下，时间就差不多过去了，根本没有多余的时间去好好预习下一周的课程，像数学、物理这样的科目，我只能在课堂上进行温习。

可是上课时，我总是感觉自己不够专心，听上几分钟就开始走神儿，等反应过来，已经错过了老师的讲课内容。针对这种情况，我曾经很努力地想集中自己的注意力听讲，也采用过一些特殊的记忆法，可是学习效率依旧很低。

终于有一天，我忍不住跟爸爸说起了自己的困惑，爸爸建议我向班里几位成绩优异的同学请教一下他们的学习方法，然后结合自身的特点再来制定学习方法。爸爸还说这是一个不断摸索的过程，只要找对方法，其实学习并没有想象中那么难。对此，我半信半疑，不过我还是按照爸爸的建议开始寻找适合自己的学习方法。一段时间后，我的成绩果然有了一些进步。看来，学习还真得多掌握一些技巧与方法。

爸爸对儿子说的悄悄话

儿子，我相信你的困惑也是现在很多学生的困惑。很多人每天都拼命地学习，把所有的时间与精力都用在了课本和练习题上，但是收效却不大。相反，一些找到适合自己学习方法的人却能够在节省时间的同时提高学习效率，取得成功。

虽然每个人的资质不一样，学习能力也不一样，但是只要在学习的过程中找到适合自己的方法，就可以有所突破。现在爸爸给你介绍一些关于学习的技巧与方法。

首先，上课时一定要认真听讲，跟着老师的思路走，多多思考，争取在课上就将老师讲的知识点全部消化、理解，并努力发现新、旧知识点之间的联系，尽快熟练掌握和运用新知识点。

其次，在完成家庭作业之前，最好先浏览一下当天学过的知识，整理一下知识脉络，这样既能达到复习的目的，也有助于提高你写作业的速度。

最后，对于在写作业过程中发现的知识难点，一定要认真对待、仔细研究，仍然不懂的就要标注出来，等第二天到学校再向老师请教。这样可以保证你不遗漏任何知识点，也能夯实基础知识，对今后的顺利学习会很有帮助。

为了便于你掌握科学的学习方法，可用如下歌谣来概括：课前要预习，听课易用脑；温故才知新，歧义见分晓；自学新内容，要把重点找；问题列出来，听课有目标；听课要专心，努力排干扰；扼要做笔记，动脑多思考；课后须复习，回忆第一条；看书要深思，消化细咀嚼；重视做作业，切勿照搬抄；编织知识网，简洁又明了。

要记住，对学习方法的研究必须与实践相结合，只有不断寻找，不断尝试，才能找到最适合自己的学习方法。有了科学、实用的学习方法，学习就不再是一件十分困难的事情了。

第十一章

健康上网：别让网络害了你

网络时代是一个信息爆炸的时代，也是一个充满无数诱惑的时代，如何让青春期的少男少女赢在网络时代，是家长、学校和社会共同关心的问题，也是时代进步和青少年自身发展的迫切需要。要善于运用网络工具挖掘知识资源，而不是让自己沉溺于网络，无法自拔。你只有做到合理、健康上网，才能让自己赢在网络时代。

电脑不是玩具，而是工具

我家里原来只有一台笔记本电脑，放在爸爸的书房里，我进去查资料非常不方便。后来在我的强烈要求下，爸爸妈妈在我房间里配了一部台式电脑，这可把我高兴坏了，以后和同学留言就没那么麻烦了，偶尔还能玩玩小游戏，看看电影。我真是高兴极了。

我去学校和几个男同学说了这件事以后，大家都非常羡慕我，因为他们在家上网的时间有严格的规定，所以只能偷偷地去网吧，不过当他们听说我上网只是为了玩纸牌、查资料、和同学聊QQ 以后，都为我感到可惜。随后有一个同学推荐了几个现在非常流行的大型游戏，他还热心地教我怎样注册，怎样升级。为了和同学有共同的话题，我晚上回家就申请了一个号，并开始研究怎么玩儿。

经过半个月的努力，我的装备不断更新，级别也越来越高，我现在才知道游戏这么有意思、这么吸引人。现在放学一回家我就会钻进自己的房间，开始漫天地“厮杀”。到了周末，我取消了一切户外活动，目的是让我的游戏能量得到最大限度的补充。虽然爸爸总是劝我不要玩太长时间游戏忘了学习，但是我想离大考还有一段时间，所以不着急，也就没有在意爸爸的话。

直到我因为疯狂地玩游戏导致学习成绩直线下降时，我才开始意识到电脑给我带来的危害。这本不是我的初衷，我当初只是想把它当成学习工具，现在看来倒变成玩具了。虽然我不想沉迷其中，但我总是控制不住自己，这该怎么办呢？

爸爸对儿子说的悄悄话

儿子，看来你对电脑的利弊已经有了基本的认识。网络既可以让人足不出户，尽知天下事，也可以让人整天沉迷于网络游戏中而无法自拔，甚至误入歧途，严重影响学习。对于这两种情况，你一定要知道一个准则——电脑和网络不是玩具而是工具！而我们应该好好利用这个工具，为自己服务，而不是被网络所迷惑、所控制。

虽然互联网给我们的生活带来了很大的变化，但这种影响有积极的，也有消极的。不可否认的是，互联网是当今人们了解信息，与世界接轨的主要途径，它给人们带来极大的便利与乐趣，所以我们没有理由完全排斥，而应当充分发挥它的积极作用，正确地使用网络，让自己成为网络的主人。

要想做网络的主人，就得做到理智清醒，使自己不被网络所束缚，以免被困其中，从而形成网瘾。我们对待网络要持有正确、科学的态度，目前你需要把自己的主要精力放在学习上。如果整天沉溺于网络世界，那么就会荒废学业，耽误前程。

为了合理使用电脑，可以给自己制订相应的目标和计划。人一旦有了目标和计划会更容易对自己负责任，也就不会在网络上浪费和消耗太多的宝贵时间。同时，每次打开电脑时，必须使自己有明确的目的和时效的要求。在提高自控力的同时，让自己尽可能地把兴趣转移到有意义的网络活动中。

除了玩电脑以外，我们还要有一些社会交往活动，以免把所有的时间都浪费在虚拟的网络上。平时要积极参加各种有益的活动，尽可能培养自己健康的兴趣爱好，利用业余时间来丰富自己的生活，例如多与朋友交流、多参加体育锻炼、适当进行户外活动等。

把握玩电脑的“度”，别玩过火

最近班上流行一款电脑游戏，就是经过反复的攻打，为自己的城池建立强大的壁垒，然后积攒实力去逐一吞并小的势力，扩充自己的领土，直到称霸一方。我觉得这个游戏挺有意思，于是每天抽出一部分时间打这个游戏。时间一长，一天不玩儿就感觉有些不自在，好像生活中缺少了什么似的，整个人也变得很烦躁、敏感，和父母的交流也越来越少了。

家人见我变化如此大，很是着急，思考再三便下了禁令——以后不准上网打游戏。看见父母严肃的表情后我才收敛了一些，但放学后还是依照习惯打开了电脑。由于家人不定时地监督，我不能在他们的眼皮底下打游戏，所以只能开始浏览一些关于学习的网站，只要与他们的意愿

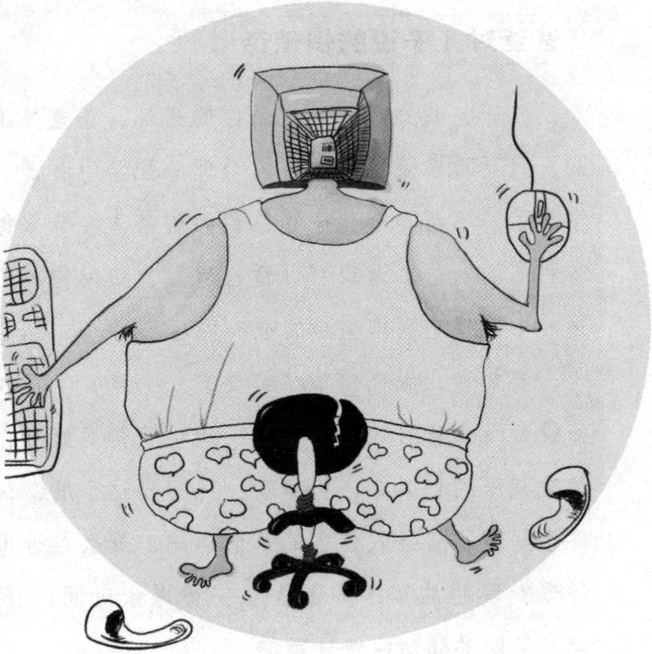

相符就不会有什么问题。晚上等爸爸妈妈睡觉以后，我依然会偷偷打开电脑，畅游我的游戏王国。直到一天半夜电脑坏了，主板烧了，我才消停下来。爸爸说正好借此休息几天，可我发现没了电脑，我竟然不知道该干什么了。我的精神变得有点儿恍惚，连电视都无法提起我的兴趣，爸爸说我这可能是网瘾的征兆，我听后不禁倒吸了几口凉气。

当我听说邻居家的孩子因为网络成瘾走向犯罪后，非常诧异，随后我便开始反思自己上网除了聊天、玩游戏之外，还做了些什么？暑假在家时除了接触电脑还做了什么？而我所做的这一切又带给我什么？打游戏对我来说有什么实质性的好处？再看看经常和我抢电脑的表弟，他和我的疯狂程度相差无几。原来电脑不仅给我带来了负面影响，而且这种负面影响也带给了他人。

爸爸对儿子说的悄悄话

儿子，我知道玩游戏是你的兴趣，爸爸并不是要你完全停止游戏，只不过希望你能适度，合理分配学习和游戏的时间。你已经上中学了，不再是小孩子了，我希望家人在尊重你的同时，你也能听听我们的劝告。游戏可以适当玩儿，帮助你减压，但你却不可以沉迷其中，将它当作生活的唯一内容。

要知道，做任何事情都要有一个度，学习和游戏也是一样，不能没日没夜盲目地死学，也不能玩儿得太疯狂，忘记了自己当初玩游戏减压的初衷。任何事情一旦超出这个度，往往容易走向极端。你也知道网络给人带来的负面影响，那么是否也应该给自己敲响警钟呢？聪明的孩子知道合理安排课余时间，让自己既可以学到知识，又能够痛痛快快地玩耍。

对于青春期的男生来说，现在的首要任务并不是游戏，如果你感觉学习有些枯燥，可以适当参加一些课外活动，锻炼身体，让大脑得到充分的休息，也让紧张的心情有所缓解。虽然游戏对你具有很大诱惑，但你一定要学会克制自己，让自己不要沉迷进去，更不能因此而荒废学业。

虽然你很难一下子摆脱网络的诱惑，但是你可以慢慢减少自己上网的时间，比如从每天连续玩5小时减少到每天玩3小时，过一个月后每天玩2小时，之后每天玩1小时。要知道，现阶段对你来说学业才是最重要的，网络游戏只是一种娱乐方式，而不是你生活的全部。如果你在生活中多发现乐趣，一定可以从网络游戏中走出来。爸爸妈妈都相信，只要你不断增强自我约束力，那么就能顺利地抵制网络的诱惑，合理使用网络。

网络游戏，让你沉迷让我忧

我好久没有和张楠联系了，也不知道他现在怎么样了。闲暇之余，我点开了张楠的空间日志，想知道这家伙最近在忙什么，但看了日志以后，我大吃一惊，他是这样写的："一天晚上，有个同学拉我去网吧。那是我第一次去网吧，在网吧里看到好多人玩游戏，虽然我不喜欢那种烟雾缭绕的气氛，但看着大家专注的表情，觉得那些画面很有意思，我也尝试着玩起来，就这样一下玩了两个多小时。回去后，我觉得还没有玩儿过瘾，没过几天我趁着晚自习时自己又偷偷跑到网吧去了。就这样，我开始千方百计地挤出时间上网，而且每天上课都在琢磨着怎么成为高手，几个月后竟然发展到逃课的地步，这让我有些惭愧，而且我玩游戏的钱是从爸爸妈妈那里要的。不过唯一感到欣慰的是，我成了大家公认的游戏高手。网络游戏的吸引力让我欲罢不能，无法自拔。”

后来，我听说张楠由于沉迷网络游戏，学习成绩下滑得很严重，人也失去了往日的活力。看来过度沉迷于网络游戏，对中学生的身心健康都会产生不良影响。我要时常提醒自己和朋友。

爸爸对儿子说的悄悄话

儿子，现在有越来越多的人，尤其是青少年加入网络游戏“玩家”的大军之中。虽然网络给人们的生活、工作、学习带来了极大的便利，但是在其迅猛发展的同时，也给很多人特别是广大中学生的身心健康带来了隐患，青少年沉溺于网络的危害也越来越引起人们的关注。如何引导青少年健康上网，合理利用网络成为如今家长共同关心的热点问题。

分析导致青少年沉迷于网络游戏的原因，主要有以下几个方面：一是父母对孩子在学习成绩和各方面的表现都有很高的要求，导致孩子心理压力大，期望依靠网络游戏来舒缓压力，暂时逃避现实。二是个人比较自卑，很多学习成绩差的孩子在学校没有找到自信，但是在网络游戏中却能够寻找到满足感和归属感。三是周围人的怂恿加上自控力不足。同学之间有时会一起尝试做一些事情，如果缺乏定力与自控力，那么很有可能会沉迷其中。四是由于某些网络游戏具有赌博性质，包括游戏中的装备、金币、经验值等虚拟财产可以通过现金交易进行转让，而学生的心智尚未成熟，很容易被这种赚钱的手段所吸引。此外，有些网络游戏涉及暴力、色情等内容，青少年对此充满了好奇。

如今，青少年学生因迷恋网络游戏造成学习成绩下降，甚至旷课、逃学的现象日益增多。很多学生只要一接触游戏就会上瘾，甚至到了不能自拔的程度，学习成绩自然一落千丈，有的甚至出现了模仿游戏中的情节，在学校打架斗殴等现象，使得校园的风气变坏，其他学生也都胆战心惊。

儿子，你一定要明白，沉迷于网络游戏会影响你的身心健康。长时间上网打游戏容易使人的免疫功能下降，严重者甚至会引发头疼、焦虑、抑郁等。同时，由于人们在玩游戏时全神贯注，身体始终处于一种姿势，加上眼睛长时间注视电脑屏幕，时间一久就会导致视力下降，出现眼睛疼痛、脖子酸痛、头晕眼花等情况。通常情况下，沉迷于网络游戏的人往往很少与人交往，从而产生自我封闭的倾向。

见网友可能会遇到的危险

好友耀文最近很喜欢上网聊天，而且他的QQ上加了很多好友，虽然他们之中有很多都是陌生人，但和耀文还挺谈得来，耀文告诉我说这些人对他都以诚相待，让他觉得很感动。其中有一个叫“冰洁”的网友和他的关系非常好，耀文几乎每天都和她聊半天，他会把生活中不开心的事情告诉对方，也会和对方讲讲学校发生的趣事，还有家里的一些情况。通过几个月的联系，耀文觉得自己对“冰洁”的情况也比较熟悉了，决定见面。

于是，我提出要陪耀文一起去见网友，但他觉得我是一个“电灯

泡”，所以拒绝了。在网上约好地点后，看得出耀文很激动，也很紧张，但更多的是期待。虽然去“冰洁”那儿还要坐长途汽车然后转巴士，但耀文一点儿都不觉得麻烦，他对我说男生本来就应该主动一点儿，绅士一点儿，怎么能让一个女孩子跑来跑去呢。到了约定的地方后，耀文等了很久终于见到了“冰洁”本人，她挺漂亮的，但还没有聊几句就被几个赶来的彪形大汉暴打一顿，说耀文抢人家的女朋友。耀文还没来得及解释，身上的财物和手机等就被他们抢去了。整个过程中女孩一直都在冷眼旁观，没有站出来替耀文说一句话。耀文很伤心，有一种被欺骗的感觉，随后走了很长时间的路才回到家。

耀文以为噩梦结束了，但是当他回到家中，看到妈妈哭红的双眼时，才明白原来那伙人以耀文朋友的名义到处打电话称耀文出车祸了，让家人和朋友汇款过去。由于他们对耀文家的情况比较熟悉，所以耀文的爸爸妈妈也就没有怀疑，立刻汇了2万元过去。等耀文说清楚事情的来龙去脉以后，爸爸妈妈才知道自己受骗了，但为时已晚，钱已经到了犯罪分子的账户里。虽然耀文的妈妈一再强调人没事就好，但这件事让我感觉很愧疚，如果我当时劝他理智一点儿或者坚持和他一起去，可能就不会发生这种事情了。耀文的事让我对网络又有了新的认识。

爸爸对儿子说的悄悄话

儿子，对于很多青春期男生来说，网络交友已经成为一种人际交往的方式。这些年以来，随着网络聊天、博客、论坛、社区等交流方式的发展，网络上人与人沟通的形式变得丰富多样，也更方便，但随之利用网络实施诈骗和伤害的案件也多了起来。特别是对于青少年，如何能做到理智上网，避免见网友时被侵害和诈骗，需要做到以下几点。

一般来说，在网友见面之前，大部分的人都看不到对方的表情、动作、眼神，所以彼此间会充满好奇与幻想。当这种好奇因为见面或者视频而消失时，网友之间的交往也就自然终止了。如果遇到居心不良的人，那么结果可能会很严重。就像你的朋友耀文，他遇到的这种情况并不是个别现象，在其他人身上也发生过。所以，那些想在网上结识贵人，帮助自己赚大钱，或渴望相中有缘人的人，往往是最容易上当受骗的。

儿子，如果你也遇到耀文这种情况，在和网友见面之前一定要将头脑中的资料整理一下，你到底了解对方多少？如果没有掌握一些对方的确切信息，比如说真名实姓、固定电话、工作单位等，那就不要随便提出见面，毕竟网络上的许多信息都是不可靠的。如果对方陈述得过于熟练与完美，那么你也要仔细琢磨，因为网络带有虚拟性，信息传达尽管很直接，但对那些自述信息的求证是具有一定的难度的。

千万不要与网友轻易发生经济往来，因为接受了他人财物，就很容易相信对方。如果没有经过在现实生活中的了解与接触就和对方建立感情，那么结果是极其危险的。通过网络交流，虽然可以增进相互了解，但也有可能存在某种欺骗性。所以，就算见面了，也不要轻易与对方发生经济往来。

还有一点一定要记住：第一次见面，带上朋友会安全一些，如果是自己单独去，至少要把你的去向告诉朋友或家人。

你对网络犯罪知多少

进入青春期以后，由于身体和心理都发生了微妙的变化，所以我觉得自己已经长大成人了，什么事都可以自己学着处理，不再需要别人帮助了，爸爸妈妈同样也支持我变得独立起来。我的朋友张蒙班上有几个学生，他们每天都很“潇洒”，想来就来，想走就走，老师也不怎么管他们。看着他们这么自由，张蒙非常羡慕，他也想和这些人一样摆脱束缚、不受约束，自己想干什么就干什么。

放学后，张蒙没有约我一起走，而是主动找到那几个同学，并和他们商量以后多带带自己，他们很爽快地答应了。几个星期后，张蒙撒欢儿似的冲出学校，疯狂地迷恋上了游戏厅、网吧。后来张蒙的学习成绩开始下降，还出现了无故旷课、逃学的情况，引起了他的父母和学校老师的注意，并开始对张蒙进行严格管理。不过这些难不倒张蒙，他依然有办法离开学校和家里，顺利去网吧。几个月过去后，张蒙已经成了游戏厅的常客，也是网络游戏的高手了。对于自己取得的“劳动成

果”，张蒙很得意，也很自豪。

张蒙爸爸妈妈给他的钱也逐渐不够用了，他只好找我借钱，但有时我也没钱借他，后来他只好偷他爸爸妈妈的钱。有一次，他玩游戏上瘾了，一天一夜后玩儿得身无分文，但游戏装备还得充值，怎么办呢？于是，张蒙就把另一个沉迷于网络游戏的学生的游戏号卖了顶账。他不知道这是违法行为，后来老师告诉他说这是网络犯罪，他才有所畏惧，决定悔改。

爸爸对儿子说的悄悄话

儿子，也许你也知道网络犯罪这个名词，它指的是行为人运用计算机技术，借助于网络对其系统或信息进行攻击、破坏或者是利用网络进行其他目的犯罪的总称。这里面既包括了行为人运用期编程、加密、解码技术或工具在网络上实施的犯罪，也包括了行为人利用软件指令、网络系统或产品加密等技术以及法律规定上的漏洞在网络内外交互实施的犯罪，还包括行为人借助于其居于网络服务提供者特定地位或其他方法在网络系统实施的犯罪。简单来说，网络犯罪是针对和利用网络进行的犯罪，或者说因为网络而致使犯罪，这些犯罪的本质特征是危害网络及其信息的安全与秩序。

比起专业的高级罪犯，大多数上网的人还都停留在较为初级的阶段。生活中，很多青少年在上网时存在缺钱的问题。当想上网却没有钱的时候，这些自控力差的青少年会采取多种手段，或向父母讨要，或向同学借，或找各种理由欺骗父母或亲戚朋友，有的甚至铤而走险，或偷，或勒索，或抢劫，从而走上了犯罪道路。迷恋网络一方面影响青少年的学习成绩，另一方面强化了他们错误的价值观，如犯罪的青少年中有一部分人最崇拜讲义气的黑道头目。

同时，也有一些青少年对网络的依赖性和认同度明显降低。这表现在有的青少年自控力较强，懂得以学业为重。还有的青少年有着明确的人生目标和正确的价值观。这类人往往最崇拜白手起家的企业家和科学家等人，这些榜样的力量让他们懂得如何正确取舍。这些青少年每周上网的时间和花费的金钱相对较少。

如何面对网络语言入侵

最近，班上很流行说一些网络语言，我开始还不明白是什么意思，后来经过同学解释后我也觉得很好玩儿，于是回家也念叨着说“木有”“杯具”“额滴神啊”“神马都是浮云”“给力”“hold 住”这类的话。爸爸妈妈听着觉得莫名其妙，但时间长了以后，家人也都习惯我这么说了。

期中考试的时候，面对语文作文题目，很多同学都与时俱进，在文章中使用了这些网络流行语言，我也不例外。但考试结果下来，我们对比考卷的时候发现，老师把那些语言全部当错别字来处理了。对此，我们都很不理解。难道老师没有听说过这些词语吗？

上课后，班主任专门针对这个问题回答了我们，她说每个汉字都有它的文化背景，有它专属的文化含义，比如说悲伤的“悲”，下面是个“心”，汉语里面但凡人的感情都是从内心世界里散发出来的，如果我们写成“杯子”的“杯”，那么很多人就不知道是怎么回事，所以她认为这样做不是很妥当。随后她又说这些流行的符号只是一个暂时的现象，时间一长，文字和用语还是会回归到规范的行列，所以我们完全没有必要在考试、写作业时使用网络语言。运用规范的汉语词汇会更有益于清晰地表达自己的意思，进行交流和沟通。

虽然班主任的话有一定的道理，但我还是觉得汉字是与时俱进的，作文考试对网络语言不应排斥，而应持包容的心态。究竟我们应该如何面对网络语言呢？我还是觉得很困惑。

爸爸对儿子说的悄悄话

儿子，爸爸很理解你现在的困惑，因为爸爸也是从你们那个年龄过来的。那时爸爸也和你们一样被许多老师不认同的问题所困扰，等你长大了就会明白，老师说的是对的。

一般情况下，网络流行语都是在网上聊天室和论坛上产生和发展起来的。主要是与网友的在线交流要求人们迅速做出反应，除了提高打字速度外，还必须采用一些最简单的表达方式，便于快速输入，所以网络流行语在表达方式上主要追求的是简单、灵活——当然，也可以说是一种个性。因为标榜独特，所以很受年轻人的欢迎与热捧。

新词汇目前正以空前的速度出现和传播，在网络上，人们走进了一个不再设有严格意义语言输入的时代，人人都可以成为语言的创造者。如何面对网络语言，成了现代汉语必须面对的问题。

现在，网络词汇越来越多地走进人们的生活和学习中，对于这些新兴词汇，既不能全盘否定，也不能全部吸收。专家认为，语言文字有其自身的发展规律，一些好的网络语言必然会充实到词汇体系中，丰富汉语词汇，而那些用意肤浅的网络词汇尽管会暂时流行一段时间，但却没有持久的生命力。对学生热衷在作文中使用网络语言的状况，应当引起教育者的重视，予以引导和规范。

其实，有些词用得比较好。比如说，大家知道“给力”这个词不错，它符合汉语造词的规范，也符合汉文化的传统，大家一看都能懂。再比如说，原来就有的词“雷”，它把名词变成动词了，这个变化也不错。但对于一些不讲语法和构词法，只为表达自己的奇思妙想，或为达到调侃、讽刺、轰动等网络效应，灵机一动“发明”的词语，则要谨慎对待和使用。

所以，儿子，在应用网络语言时，应该有选择地应用，并且一定要慎用，而且要分场合使用，不能乱用。

不要把网络游戏中的暴力带入生活

我和很多同学非常喜爱网络游戏。这些网络游戏中有的场景设置非常真实，可以让我体验到战场的感觉，有的画面充满了残杀与血腥，很刺激，玩儿起来也很过瘾。

有时我连续打五六个小时都不觉得疲惫，看来游戏成了我的“精神支柱”，我都可以忘记吃饭和睡觉了。妈妈总说我中了网络游戏的毒，整天不学好，她有时还故意把我的电脑关掉，真是太让人生气了。

前几天放假，我在家玩一个网络游戏到了关键时刻，妈妈竟然按退出键让我洗手吃饭，我当时就发起火来，埋怨妈妈为什么这样做。事后

我很愧疚，也非常后悔，我怎么能因为一个游戏而冲妈妈发火呢？

晚上爸爸回来以后，了解了事情的经过，我以为他会责备我，谁知道他竟然过来和我谈心。经过爸爸的分析，我终于找到了根源所在，这些暴力游戏虽然很刺激，但也容易使人变得暴躁、冲动，我以后要尽量少玩这些游戏，最重要的是要向妈妈诚恳地道歉。

爸爸对儿子说的悄悄话

儿子，爸爸理解你喜欢玩网络游戏的行为。健康的网络游戏不仅能带来乐趣，而且能让孩子在玩儿的过程中增长知识、认识社会、锻炼自己。然而，你却沉迷于一种打打杀杀的暴力网络游戏，这真令我感到忧虑。爸爸要告诉你的是，以后玩网络游戏也要有选择性。

现在有很多和你一样的青少年对网络游戏很容易上瘾，当他们成功杀敌闯过难关时都会有很大的成就感，而不断闯关会“鼓励”青少年继续玩儿下去。调查发现，过多的“杀人游戏”会让未成年人形成对生命的漠视和麻木。更可怕的是，对于在心理、生理上都还没有成熟的青少年来说，一旦在现实中遇到一些矛盾和冲突，在多种可供选择的解决方案中，他们会首先使用暴力，因为这是他们最熟悉的方式。在游戏中失去辨别能力的青少年，由于被游戏中简单、粗暴的方式所影响，有可能将一次与亲人间的普通口角演变成一起惨剧，而且这样的事情确实发生过。

虽然对于绝大多数网络游戏迷来说，游戏只是游戏，只是一种打发时间、寻找自信、逃避压力的方式。但是，如果一个人玩网络游戏上瘾，甚至到了难以与真实世界相区分的程度，那就是一种病态。据一项调查报告显示，在我国，13~17岁的青少年是网民中网瘾比例最高的，他们过分迷恋网络游戏，以至于荒废学业。而且青少年正处于生长发育阶段，网络游戏对身体健康也会有一定的危害。由于电脑屏幕对眼睛的刺激，青少年也很容易患上色弱、怕光、近视等眼疾。另外，玩游戏的人长时间保持一种坐姿，容易造成脊椎骨损伤、压迫内脏等一系列不良影响。有的青少年迷恋网络游戏不能自拔，整日沉迷其中，上课时精神恍惚，注意力不集中，有的甚至不惜逃学，整日泡在网吧，离校园越来越远，在辜负了家长对自己满腔期望的同时，还有可能走上犯罪的道路。所以你一定要自觉抵制网络游戏，为自己营造健康向上的网络环境和成长氛围，让自己度过一个美好的青春期。

正确上网，让网络为你所用

在这段时间里，我逐渐认识到了网络的利弊，决定好好学习，不再玩电脑游戏了。我想全心全意地为了自己的未来好好做一个规划，并努力奋斗，减少人生的遗憾。于是，我停止了游戏，开始认认真真学习，按照往常的习惯，我回家的第一件事是打开电脑玩游戏，但现在我在电脑上只是上网查资料，看练习题。就这样一天天地过去了，我发现自己逐渐克服了对网络游戏的热情，回到了正常的学习生活状态。

这种学习生活并没让我感到烦躁不安，反倒让我有一种前所未有的充实感，因为我很长一段时间以来整天沉迷在游戏里，很少将注意力转移到其他地方。现在我发现只要正确上网，网络对人们的帮助还是很大的，我在网上学到了很多好的学习方法与技巧，对我的学习产生了积极的影响。

我原来的精神寄托是网络游戏，现在转换为网络学习。虽然每次疲劳的时候，我还是会玩一下小游戏，但已经没有当初那么痴迷了。

爸爸对儿子说的悄悄话

儿子，你是幸运的，因为你生活在发达的网络时代，因为有网络，你的生活会更加丰富多彩。例如，可以到网上查资料、看电影、看新闻、看小说、和很久不见的亲人在网上视频聊天等。虽然网络给人们带来了很多的益处，但同时也给人们带来了许多的烦恼，有的人长时间沉迷于网络游戏不能自拔，有的人迷恋网络世界而忘记了自我，尤其是处于青春期的孩子，自控力较差，模仿能力强，如果没有成年人正确的引导很容易走向极端。那么，如何正确上网，让网络为自己所用，这是一个值得我们认真思考的问题。

众所周知，任何事物都有正反两个方面，网络世界也是如此，以网络游戏为例，它在一定程度上丰富了我们的业余生活，但也让很多人沉迷其中。在玩网络游戏时，一定要把握好度，扬长避短。

其实，网络并不可怕，关键是要正确地上网。作为一名中学生，你更需要有原则、有节制地上网，你一定要明确自己上网的目的——获得知识和帮助，全面提升自己的素质。

儿子，正确上网很重要，对你们青少年来说更是如此。客观地说，如果合理使用，网络确实能给人们的学习、生活带来不少便利；但如果使用不当，就可能浪费宝贵的时间或受到不良的影响，所以，一般情况下每次上网以30分钟为宜，最好不超过1小时。此外，你也要学会自我控制和调节，不要将网络游戏视作一种精神寄托，不能只依靠网络来缓解压力和焦虑。

第十二章

行为习惯：不涉足青春危险禁区

男生进入青春期以后，强烈的成人感和独立意识成为他们重要的心理倾向。他们希望自己能像成年人一样受到尊重，渴望独立。这一时期，他们对父母和老师的教育容易产生逆反心理和叛逆行为，甚至出现如吸烟、喝酒、打架斗殴、吸毒、自残等行为，如果不及时改正，很可能会造成身心伤害。青春期男孩要注意树立正确的人生观，培养良好的行为习惯，远离危险禁区，过健康、快乐的生活。

远离吸烟、喝酒

在学校里，吸烟算是一种流行时尚，我开始的时候不会，后来看见有的同学下课偷偷在男厕所吞云吐雾，觉得很有意思，于是就学着玩儿，可后来慢慢地就养成了习惯，想戒都很难。因为家长给的零花钱是有数的，所以我只能吸一些比较便宜的烟，如果没钱买烟了，又不敢向爸爸妈妈要，所以只能从饭钱里省了。

吸烟的同时，我也学会了喝酒，喝的基本是啤酒。好友阿力则比较喜欢喝白酒，我觉得白酒有点儿辣，再加上家长看到以后，免不了一顿责骂，所以很少喝。

正当我为此而陶醉和自豪时，学校组织看教育宣传片，说的是烟酒对人身体的危害。看了后我有点儿害怕，知道香烟里面的尼古丁会使人的大脑缺氧，可能会引起肺癌、肺气肿、肺心病等疾病，还会对别人的身体造成伤害。而酒精的刺激更会破坏肝功能，导致胃溃疡等疾病。我知道吸烟、喝酒对人体健康肯定有一些影响，但是真有宣传片中说得这么可怕吗？那为什么还有这么多人吸烟、喝酒呢？

爸爸对儿子说的悄悄话

儿子，对于吸烟、喝酒，很多青少年像你一样，由于好奇，想亲身体验一下。有人觉得只有这样才是成熟的表现，有人认为吸烟、喝酒很酷而炫耀自己，有人是盲目模仿电视里吸烟、喝酒的镜头，有人则是受他人影响等。青少年一旦染上吸烟、喝酒的坏习惯，久而久之便容易沉溺其中。也许你并不知道，这些会对你的身体造成多大的伤害。你现在处于身体迅速发育的阶段，各个器官还没有发育成熟，为了以后的身体健康，你千万不要再去碰那些伤害身体的物品了。

吸烟可直接影响青春期孩子的肺功能，降低肺活量，增加了成年以后患慢性支气管炎、肺气肿、哮喘、肺癌等疾病的风险。吸烟还会通过影响未成年人的骨密度干扰骨骼发育等。

未成年喝酒者比成年喝酒者更容易对酒精产生依赖，而且和同年龄的不喝酒群体相比，未成年喝酒者更有可能成为其他犯罪的当事者。

研究表明，吸烟、喝酒的青少年呈现多方面的心理问题，包括：强迫症、抑郁症、焦虑、敌对、偏执、恐惧等。吸烟、喝酒开始的年龄越低，这种倾向越严重。要知道，吸烟、喝酒的青少年由于其行为不被主流社会所认可，出于相互依赖和认可的心理需要，此类青少年倾向形成团体。由于他们不健康的心理状态与吸烟、喝酒互为因果、相互促进，形成恶性循环，因此，青少年吸烟、喝酒有潜在的社会危害。

儿子，为了你的身心健康，爸爸还是希望你能依靠自己的意志坚决把烟、酒戒掉。

男孩也要防色狼

一天晚上，我看见电视上报道有小女生被人拐骗，被迫卖淫，经过警方多方面营救，终于使得她们能够重返家园。每次看到这样的消息，我都会为女生感到愤慨，女生相对柔弱一些，更容易受到伤害。男生就不一样了，被骗财有可能，但被劫色的却很少。

第二天，我去班上和阿力说了我的观点以后，却听到了不同的看法，阿力说：“其实，男生也要防色狼，我的表哥在国外留学的时候，一天傍晚天还没黑，他就被一辆私家车尾随，车内不断有人邀请他上车。不过表哥没有搭理他们，这些人见邀请没有什么作用，于是停车，强行将我表哥拉入车内，试图施暴。还好被路过的警察发现了，表哥被及时解救……”

男生也要防色狼？真是让我惊讶不已。如果以后我也遇到这种情况，该怎么办才好？晚上回家我把阿力的话告诉了爸爸。爸爸说：“阿力说的这种情况的确是存在的，不要以为男生就可以无所顾忌，晚上回家还是需要结伴而行的。”那么，在日常生活中，男生应该怎么防色狼和保护自己呢？

爸爸对儿子说的悄悄话

儿子，色狼并非是单纯对女生而言的，男生有时也可能会遇到色狼的骚扰，所以男生一定要加强自我保护意识。

儿子，你现在还是孩子，所以，平时不要独自在外喝酒，到了晚上最好是结伴而行或走繁华人多的地方。在僻静处行走的时候，要注意提防周围的环境，同时还应该避开治安不好的区域，要记得时刻保持警惕。

如果真的遇到这种情况也不要惊慌，爸爸告诉你几种方法：

外出时，发现有人跟踪自己可以用打电话或者是装作打电话的方式，表明你当时所在的区域，从而使罪犯有所顾忌，然后在打电话期间快速转移到繁华区域。

面对罪犯时也不要过于慌张，更不要去刺激他，不要做让他受惊的动作，例如立即翻包等。

你也可以随地抓起一些沙土之类的东西迅速撒向罪犯眼部，然后立即逃跑。如果周围有居民区则可以大声呼救。如果对方人多势众，在早期应该立即转移到安全地点。如果意识到的时候已经晚了，不要慌张，装作没有发现，迅速判断有利地形，尽全力逃跑。如果被抓回来，装作害怕，装作顺从，然后想办法向家人等透露你的地点，同时用问问题、交流等方法尽量拖延时间，等待营救。

不论男生女生一定要小心，尽可能保证自己的人身安全。

不要动不动就离家出走

快要中考了，学习压力也越来越大，本来一天到晚心里就很烦躁，谁知道妈妈这个时候变得更加唠叨了。除了关心我的学习成绩以外，日

常生活中大大小小的事情，她都会问得非常具体，包括放学回家晚了10分钟，她都会问我干什么去了，和谁在一起，为什么不打电话告诉她等。我每天都感觉自己像一只关在笼中的小鸟，想飞可是翅膀却被捆住了。

终于有一天，因为同学的一个电话，我和妈妈彻底开战了，本来是一件很小的事情，竟然被她想象得那么复杂。妈妈知道是女生打来的电话，就马上一顿盘问，我的回答她又偏偏不相信，还回拨过去进行核实。我感觉自己的自尊心受到严重的伤害，一气之下，我带着身上仅有的30多元钱就离家出走了。我再也不想回这个家了。

这一走就是两天，当我“弹尽粮绝”的时候，我更加迷茫了。我又冷又饿，但还是不愿意回去。为了填饱肚子，我打算去超市里偷东西，不过我在超市里转悠了很久都不好意思下手。这时候走过来一个中年男子，他递过来一个面包，说：“小伙子，怎么不回家？”我摇摇头，他又说：“还是早点儿回家吧，爸爸妈妈该着急了。”我谢过中年人之后接过了他递过来的面包。在狼吞虎咽吃面包的同时，我想起了家的温暖，还有爸爸妈妈焦急的眼神，看来，我还是回家比较好。不过，如果妈妈以后还像之前那样怀疑我，我还要离家出走。

爸爸对儿子说的悄悄话

儿子，离家出走毕竟是不对的，爸爸要批评你。你一定要记住，以后不管和家人出现什么样的矛盾或问题，都不要认为通过离家出走可以得到解决，这只会给你和家人造成伤害。

爸爸看过很多新闻报道青少年离家出走这一现象，只是没想到这样的事情也会发生在我们家。儿子，你知道在你们这个年纪为什么容易离家出走吗？那是因为处在青春期的少男少女心理非常敏感又容易冲动，心理承受能力差，又不善于自我调节，总觉得自己已经长大了。但其实不管从心理还是生理来说，你们并不成熟，一旦和家人出现矛盾就容易离家出走。还有一个原因就是你们对外面社会的了解有限，总认为外面的世界更精彩，离家出走可以体验到一些更加刺激的生活。有这些想法，只能说明你们过于天真，不知道社会的复杂，也从来不想自己出走后将会遇到什么问题。

青春期孩子离家出走已经是一个不容忽视的社会问题。孩子出走的原因也许单一，也许复杂，但有一点是共同的——孩子面对着巨大的心理压力，一时之间无法缓解，于是只有一走了之。其实，出走并不能解决根本的问题，反而会给自己增添新的挫折和压力，甚至带来一些未知的灾难，比如被诱骗、因无法生活而去偷去抢等。

儿子，如果你以后再有离家出走的念头时，可以试试以下方法，对你或许会有些帮助：首先，自己要冷静下来想一想，是什么原因导致自己想离家出走的，不要贸然行动。大部分的青少年只是暂时因某些原因而觉得压抑、烦恼、痛苦而选择出走，等自己情绪平稳后，就会觉得自己离家出走的想法很幼稚。其次，想一想自己离开家以后会面临哪些困难，比如没有睡觉的地方，只能露宿街头；没有吃的东西，总是饿肚子；还有可能受到坏人的伤害，或者被坏人引诱做坏事等。想到这些后果，离家出走的念头就容易打消了。最后，要努力思考解决现实问题的办法。

儿子，离家出走是一种很不成熟的行为，遇到问题，应该积极面对，而不是赌气离家出走。男生要学会用理智和智慧来解决问题，而不是感情用事，这才是正确的做法。

停止自残，要爱惜自己

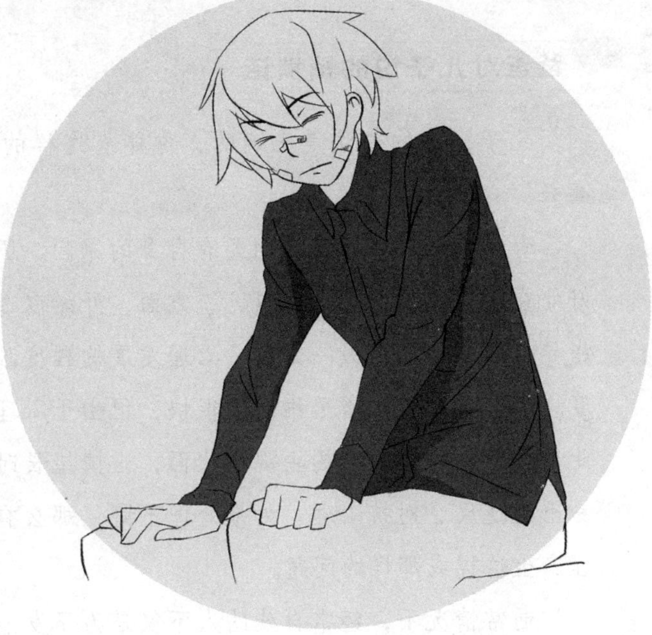

一天，我看见好友小武做了一件很傻的事，他竟然用烟头烫自己的右胳膊。我连忙制止他的行为，并询问原因，小武说他在烫自己的时候会隐隐约约有种报复的快感。我知道小武最近失恋了，很伤心，不过没想到这件事对他的打击这么大，他竟然会选择用这种方式来纪念逝去的爱情。

原来小武和班上一个女生关系很好，但是因为快要中考了，双方的家长怕影响他们的学习，考不上重点高中，所以都出来干预。女孩迫于压力，主动和小武提出了分手。刚开始小武不甘心，还是经常去找那个女孩，可是女孩为了躲避他，主动要求父母给她转了学。这让小武受到了很大的打击，一下子无法接受，所以用这种极端的方式来发泄自己的情绪。

我不知道该怎样劝说小武，但我知道这种自残的方式肯定是不对的，我怎样才能帮助他呢？

爸爸对儿子说的悄悄话

儿子，你的想法是正确的，你能有这样的想法，爸爸很为你高兴。

青少年出现心理行为问题有自身的原因。因为这个时期他们刚好处在人生发展的十字路口，一方面，开始以道德意识、道德观念指导自己的行为；另一方面，心理发展的程度跟不上生理发育的速度。尽管他们的逻辑思维发展很快，但由于心理尚未完全成熟，因此很容易造成思想上的主观和片面，当情绪长时间积累下来，很容易出现逆反、对抗心理。如果处理不好，那么有可能会使他们的心理产生这样或那样的问题。

通常情况下，经常自残的人不仅是为了发泄某种不良情绪，还希望借此来应付某种压力。而你的朋友现在的情况主要是想借助身体的痛楚来舒缓失恋的痛苦。这个时候，他应该问问自己：“自残身体对我有什么作用？对失恋有什么帮助？我想自残身体时，心里到底在想什么？”确定了这一切后，你再询问他这样做有没有想过父母的感受，有没有想过周围朋友的感受。

当然，他需要鼓起勇气才能这样自我检讨，如果真这样做了是有很大价值的。做到停止自残身体，明确其目的与后果就是成功的第一步。此外，他还应该采取进一步的行动。如果他还是感觉很痛苦，那么就要把他心中的不快告诉一个值得信任而且思想成熟的朋友。他的父母也会希望成为他倾诉的对象，只要他愿意，问题一定可以得到解决。

珍惜花样年华，远离毒品

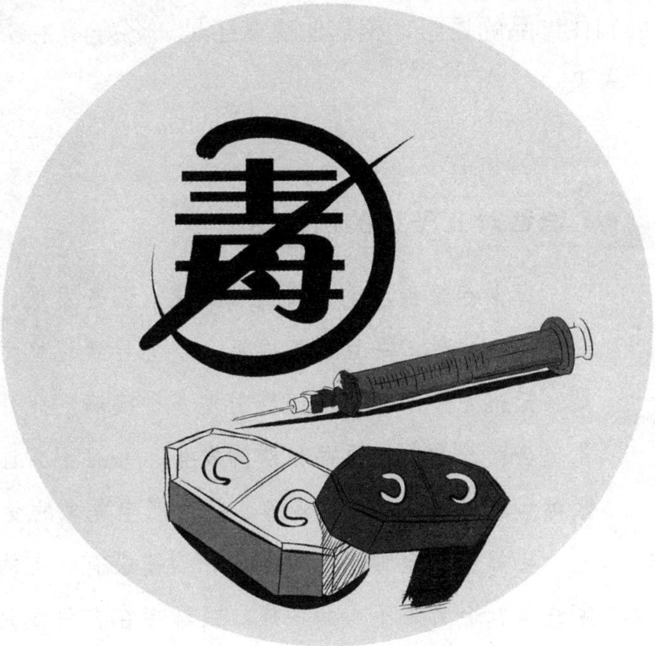

以前我有一个同学品学兼优，一直是我的榜样。可是忽然有一段时间，我发觉他上课时总是无精打采，显得十分疲惫。开始我问他，他总是说没什么，我想可能是学习累的吧。直到有一次，我们两个外出买学习资料，他神秘地对我说最近有一些提神的好东西，让人感觉飘飘欲仙，问我要不要试一试……

当时我十分震惊，立刻想到平时电视经常宣传要远离毒品，于是我委婉地劝他不要接触那些不健康的东西。可是他不但不听，反而越陷越深，最后因为烦我经常劝他而不再和我交往了。后来，听别人说他经常逃课外出，上课的时候也经常睡觉。再后来他甚至为了毒品去抢劫，最终被关进了戒毒所。

现在每当我想起这件事，都为他感到惋惜。本来那么有前途的一个男孩，就是因为接触了毒品，把自己的一生都毁了。如果他当初能抵制住毒品的诱惑，相信他现在还是一名好学生，等待他的将是美好的未来。

爸爸对儿子说的悄悄话

青少年吸毒严重摧残身心健康。调查发现，青少年身心发育还没有完全成熟，一旦吸毒成瘾，就会导致记忆力衰退、营养严重不足、抵抗力下降，同时还会引发多种疾病。此外，青少年吸毒的现象也会助长和刺激毒品犯罪的发生，并且不断让一些人陷入吸毒、贩毒和其他违法犯罪的泥潭，从而产生更多的受害者。

要知道，吸毒不仅对人的身心健康有一定的危害作用，还会给家庭与社会带来不少的伤痛。吸毒者在自我毁灭的同时，也在破坏着自己美满的家庭，使家庭陷入经济窘迫、亲属离散，甚至家破人亡的境地。同时对社会生产力也产生巨大的破坏性，严重者还会扰乱社会治安，给人们的生命、财产等造成巨大的威胁。

作为父母，我们有责任也有义务知道你们在学校结交了什么样的朋友；而作为子女，你们也应该让自己的父母知道这些情况，毕竟你们现在思想还不成熟，对事物的认识能力还很有限。我们不想让你们受人影响而误入歧途，所以只有让你们远离那些不良的因素，才能保证你们健康、快乐地成长。记住，你们要从身边的点点滴滴做起，远离毒品，将来成为对社会有用的人。

如何避开赌博诱惑

星期五，同学们都在收拾行李准备回家，但我却不是很着急，因为我家比较近，回去很方便。我慢吞吞地整理着课本，沈雄从后面叫住我，说几个人一起去打游戏，问我要不要参加。我想自己好久没放松了，于是决定和他们玩一会儿再回家。

来到游戏厅，发现人还挺多的，很多机器前都有人在排队，我只能拿着兑换的游戏币到处转悠。走着走着看到一个地方围了很多人，大家都在那儿起哄，我也快速挤了进去。原来是老虎机。早就听说这机器钱来得快，去得也快，平时没怎么在意，现在看来的确是这么回事。正在玩儿的一个人已经赌红了眼，不停地往里面塞币，直到全部输光了才垂头丧气地离开。我在旁边看懂了操作过程，也想尝试一下，正犹豫不决时，同学们也过来了，几个人都让我玩儿一把给他们看看。我想玩儿一把应该不会有什么问题，于是就把游戏币投了进去，开始选择，谁知道运气还真不错，我的筹码瞬间多了好几倍，这突如其来的收获让我惊喜万分。在众人的怂恿下，我不由自主地开始了第二轮，谁知道却输了。为了挽回面子，收回本钱，我不断投币，到最后我全部输光了。我很不服气，又去兑换了一些游戏币，可是不到10分钟的时间里，我把一个月的零花钱全部赔了进去。

我总算知道前面输的那个人当时的心情了，我带着复杂的心情回到了家。妈妈看我一副无精打采的样子便询问了原因，知道情况后，妈妈严肃地告诉我："这是第一次，也是最后一次，你现在不是小孩子了，应该有辨别是非的能力。今天就当是一个教训吧，我会再给你一部分零花钱，但你也要自己反思一下。"我已经后悔万分了，只有不停地点头表示同意。

爸爸对儿子说的悄悄话

儿子，想必你早已知道赌博的危害了，不管是什么人，一旦沾染了赌博，便很容易沉迷进去。赌场上没有永远的赢家，最终只能是一输再输，输到自己一无所有。有人可能会说："小赌怡情，大赌伤身。我只要不赌大的，娱乐一下也没什么呀！"殊不知，赌博跟偷窃一样，难道偷小的东西就不算是偷窃了吗？所以，小赌大赌都一样，都是赌，没有大小之分，而且赌来赌去，时间一长很容易上瘾，赌注也会越来越大。不管是小赌还是大赌都是不应该参与的。儿子，你也许要问，为什么会有那么多人赌博呢？那是由于人的贪念造成的，正是有些人想不劳而获、一夜暴富，于是就选择了赌博。

古往今来，赌博之害，一直为人们所深恶痛绝。赌博就是人们以碰运气、求横财为诱惑，花大钱来赢取较小的概率，赌博的产生助长了一部分人投机取巧、不劳而获的侥幸致富心理。殊不知，多少人为求一夜暴富而孤注一掷，因为沉迷赌博而弄得倾家荡产，又有多少人因嗜赌成性而毁了美好的前途，更有甚者想要铤而走险以身试法最后却坠入犯罪的深渊。通常陷入犯罪性赌博的人大多数都是从小赌开始，最初只是当作一种游戏，没有特别在意，但是越往后就越陷越深。因为金钱对人有着非常大的诱惑，而以娱乐为主的动机又很容易发展为盈利的动机。赌博不仅严重侵蚀着人们的心灵、意志、信念、身体、家庭和前途，还危害着整个社会的稳定与和谐。

青少年正处于身体、智力的发育时期，分辨是非的能力不是很强，而有的人自控力又比较差，很容易受到赌博的影响。就像你们沉迷老虎机也是有原因的。因为你们对老虎机的危害认识是比较肤浅的，所以一般都是将其作为一种刺激性的游戏去对待，加上朋友的起哄与怂恿，如果此时没有正确的引导和认知，那么很有可能会沉迷进去。

要知道，沉迷赌博不仅浪费时间、浪费金钱，更重要的是影响你们的身心健康。老虎机在本质上就是一种赌博工具，因为它给人们带来的是一种赌的心态，诱惑人们不通过正常的努力就能获得成功。因此，人很容易就沉迷在快速获利的喜悦中，并逐渐丧失通过努力收获成功的想法，这对青春期的成长是有很大危害的。

认识到这些以后，我们更需要远离赌博。要知道，成功的道路上没有捷径，人只有保持一颗积极向上的心，不断努力，才能不断进步。

追星可以，但别失去理智

一节课结束之后，我急急忙忙地冲向厕所，刚进男厕所就发现几个同学在那里叽叽喳喳地讨论着什么，由于着急，所以没有注意去听。上完厕所以后，看他们还在那里，我也好奇地围了上去。原来他们是在讨论最近热播的电影里的女主角，由于我没有看过，所以没有发言权。我很奇怪男生什么时候也这么“八卦”了，追星不都是女生的爱好吗？

我本来没打算跟风追星，但上网学习的时候，发现那部电影的宣传和评论已经铺天盖地了，前几天我怎么没注意呢？出于好奇，我也观看了一遍，看完以后我也被深深地打动了，虽然场面不是很震撼，但却非常真实，女主角那种融入生活的表演让我惊叹不已，我和电影中的主人公在思想上产生了共鸣。看完电影后，我又想了解一下现实生活中的她是什么样子，经过一番了解，我对她的经历和人生观产生了敬佩之情，接着就加入追星的行列。这几天，我把电脑桌面的墙纸还有屏幕保护都换成了她的照片，包括她出道以来的所有演出，我都一集不落地全部看完了。

以后只要听到有关她的消息，我都会特别关注。听说她出专辑，要开演唱会时，我不顾一切地去争抢门票。随后也想方设法参加了她的粉丝后援团，我也不知道自己怎么会这么疯狂，这是我当初所没有预料到的。

爸爸对儿子说的悄悄话

儿子，爸爸并不反对你追星，只是希望你能理智地追星。因为近年来，爸爸看到有一部分孩子盲目追星，把大量的时间、精力、金钱都用来追星，结果不仅荒废了学业，有的甚至为此和父母翻脸，连亲情都不要了。所以爸爸希望你能明白，中学生追星要有一个“度”，一旦超过了这个“度”，就弊大于利了。

男孩为什么也喜欢追星呢？主要是因为你们的知识和经验尚不完善，很容易被明星炫目的光辉所吸引。其实，事实上并不是这样的，明星也和普通人一样，演艺只是一种职业，只不过这份职业更受大众关注而已。再加上他们靓丽帅气的形象和很高的出镜率，离我们的生活比较远，所以便具有了一定的神秘色彩。那些常常与明星零距离接触的人，如娱乐圈的工作人员、记者、明星的亲友，他们对明星肯定没有特殊的感觉，认为他们和我们一样都是普通人。你知道吗，明星的成功也是需要付出巨大努力的，很多明星都是在激烈的竞争中脱颖而出的，只不过我们看不到他们背后的艰辛而已。所以，不是只要外表长得好看就可以做明星，更需要依靠实力和机遇。只要你努力奋斗，不管在什么行业都有可能成为大众瞩目的人物。

你可以欣赏明星、赞美明星，但是不要盲目追星，不要花费过多的时间和精力用在追星上，更不应该把追星当成你生活的全部，甚至因为同学之间崇拜的偶像不同而对其他同学采取排斥和敌对的态度。你要善于从自己崇拜的偶像身上学习他们积极生活的一面，不要在追星的过程中迷失了自己。心里要清醒地知道，作为中学生，首要任务还是要学好文化知识和提高自身的素质，这才是最重要的。

儿子，你可以追星，但一定要注意对度的把握，要理智地追星，其实，生活中有好多明星，如科学家、企业家、艺术家、运动员等都可以成为你心中的偶像。

小心患上电视依赖症

进入初三以后，我一直都忙于学习，很少放松下来让自己好好休息。好不容易盼到了寒假，我决定好好补补我的睡眠，还有多日未看的娱乐节目。为了犒劳和奖励自己，我去楼下超市买了一大堆的零食。躺在沙发上，看着自己喜欢的电视节目，吃着最爱的鱿鱼丝，感觉生活很惬意。

寒假的电视剧和电影很多，而且有我很喜欢的武侠片，一天四集连播，真是太爽了。每天我都守候在电视机旁，看完武侠片还有球赛，看完球赛还有综艺节目，每天8小时，我都把时间安排得满满的。由于长时间盯着屏幕，我的眼睛总是感到酸痛，但一想到开学以后就没有机会

看了，我就会揉揉眼睛，继续观看。

整个寒假下来，除了拜年、走亲戚、吃饭、睡觉、上厕所、买零食以外，我都是待在家里看电视。寒假一过到了学校以后，我才发现自己胖了一圈，看着同学们兴致勃勃地谈论电视节目，我才知道大家的假期过得都差不多。刚一上课还真有点儿不适应了，一到播放电视剧的时间，眼前总是会浮现剧中的人物，上课也经常走神儿，我是不是患上大家常说的电视依赖症了？

爸爸对儿子说的悄悄话

如今，电视节目可谓丰富多彩、五花八门，新鲜的创意也是层出不穷，让人目不暇接。成年人尚且如此，那么青少年更是没有多少抵抗力了。加上青春期孩子的好奇心都比较强，鉴别能力有限，不管是什么节目，也不考虑是否适合自己，统统看个遍。现在有很多孩子迷恋电视，整天守在电视机旁，静多动少，睡眠和正常的体育活动大大减少，这样会导致身体素质下降。除此以外，由于不注意良好的用眼习惯，姿势不正确或用眼过度，也很容易造成青少年近视。

现在有很多节目非常浅显易懂，而且使用电脑特技让画面更加丰富多彩，所以看电视的人越来越多，年龄也逐渐趋于低龄化。很多人心里都明白长时间看电视给人带来的危害，但是却很难戒除电视依赖症，即便外出旅游，跑到很远的地方，也都会在旅馆看自己喜爱的电视节目。虽然通过电视人们可以更好地了解外面的世界，但对于青春期的学生来说，课本等学习资料还是最重要的，因为它们提供的知识往往更系统、更科学。

那么，人们依赖电视的具体表现是什么呢？8小时以外，人的大部分时间都放在了观看电视上，不论是吃饭，还是其他，注意力都离不开电视。不少爱看电视的人将仅有的可供自由支配的时间交给了电视，他们的思考大多数来自制片人和电视节目编导的思考，这类人有时会随着电视节目快乐而快乐、痛苦而痛苦。说到底，电视依赖症都是源于生活的空虚，只有充实自己的业余生活，才能远离电视机。

那么，怎样才能有效遏制自己无节制地看电视呢？首先，你应该有一定的自控力，可以在空闲的时间里制订相应的学习计划，平时多加强体育锻炼，作息尽可能保持规律。其次，多参加一些业余活动。放假期间，可以多读一些好书、帮父母做些家务、学习一门技能等，从而减少自己对电视的依赖。另外，与父母也要保持良好的沟通，只有及时交流，才能不断纠正自己的不良习惯，朝着好的方向发展。

远离校园暴力，不要拉帮结派

自从我进入初中以后，暴力事件见得不少，经常是上完课放学回家，就会在学校门口看到几个校外男生在那里等着，一看到自己要找的人出来了，围上去不问青红皂白就打。通常都是因为本校学生在校内与同学发生了矛盾，但是没有处理好便叫社会上的人来给自己出气。还好我从来不管闲事，只自己专心学习，不然整天打来打去的，实在是伤神又费力。

在学校平静度过两年升入初三以后，我就很少留意这方面的情况了，一方面很少会有人来高年级挑事，另一方面拉帮结派的小团体也少了很多。一天，我和班上几个同学来到学校的操场上过球瘾，我们踢得正尽兴，忽然发现球门边上来了几个陌生面孔。很快，球就踢不下去了。那些人让我们把球留下，人滚出去。这也太不讲理了，我们几个同学就和他们吵了起来。最后他们说明天放学的时候再回来教训我们。回到教室以后，有的同学把此事大肆宣扬，开始积极增加人手，以免自己明天吃亏，还有的人去隔壁班上约好友助阵壮胆。我担心事情越闹越大，回家后便把这件事告诉了爸爸。爸爸让我别担心，明天他会到学校来接我，以防不测。那天晚上，我睡觉都不踏实，想起以前看到的校园暴力引发的悲剧，更是胆战心惊。第二天，校门口果然来了一群人，不知道是谁报了警，所以后来我们都平安无事。

爸爸对儿子说的悄悄话

儿子，你的做法是很正确的，遇到自己解决不了的问题时及时告诉家长，此外，报警也是一个很好的处理办法。正处在青春期阶段的青少年，情绪不稳定，容易冲动，所以中学生中发生的暴力事件也屡见不鲜。

造成中学生暴力冲突的原因有很多，但一般都是由外因引起的。比如，有的人是因为受到电视、电影等的影响，就学着组成团伙；有的人是自己在家里、学校或其他地方受了气，想寻求一种发泄……总之，大多数校园暴力事件的制造者都是在逞能，以为自己这样做是有男子气概的表现，其实他们的行为一点儿也不成熟。所以，作为青少年，千万不能因为意气用事，在同学中拉帮结派，称大哥、做小弟，这些所谓的江湖行为实际上并不是成熟的表现。如果继续下去，只会在歧途上越走越远，最后成为同学们的“反面教材”，这无疑是自毁前程。

而对于如何自护自救，爸爸给你几个建议：首先，当你遇到校园暴力时，一定要沉着冷静，采取迂回战术，尽可能拖延时间。必要时，可以向路人呼救求助，也可以采用一些异常动作引起周围人的注意。其次，千万不要激怒对方，尽量从其言语中找出可插入话题，缓合一下气氛，分散对方的注意力，同时获取一些信任，为自己争取时间。再次，平时上下学尽可能结伴而行；在学校的穿戴用品尽量低调，不要过于招摇。最后，为人处世要沉稳，不要主动与同学发生冲突，一旦发生冲突要及时找老师解决。

此外，你还要注意谨慎交友，不与那些不良学生或者社会上的闲散人员接触或交朋友，不去那些人员复杂的娱乐场所，如舞厅、游戏厅等。要让家人及时了解你的交友状况，以便对你进行指导或者提醒。

总之，爸爸希望你能够提高警惕，学会一些保护自己的方法或手段，避免自己受到伤害。